文物藏品定级标准图例

启功题签

《文物藏品定级标准图例》卷次

文物藏品定级标准图例

wenwu cangpin dingjibiaozhun tuli

玉器卷

国家文物局国家文物鉴定委员会

文物出版社

本卷编者：
　　　　杨伯达
　　　　云希正
责任编辑：
　　　　于炳文
封面设计：
　　　　周小玮
版面设计：
　　　　于炳文
　　　　周小玮
责任印制：
　　　　王少华
责任校对：
　　　　安倩敏

目　录

中华人民共和国文化部令

第 19 号

《文物藏品定级标准》已经 2001 年 4 月 5 日
文化部部务会议通过，现予发布施行。

部长　孙家正

2001 年 4 月 9 日

文物藏品定级标准

根据《中华人民共和国文物保护法》和《中华人民共和国文物保护法实施细则》的有关规定，特制定本标准。

文物藏品分为珍贵文物和一般文物。珍贵文物分为一、二、三级。具有特别重要历史、艺术、科学价值的代表性文物为一级文物；具有重要历史、艺术、科学价值的为二级文物；具有比较重要历史、艺术、科学价值的为三级文物。具有一定历史、艺术、科学价值的为一般文物。

一、一级文物定级标准

（一）反映中国各个历史时期的生产关系及其经济制度、政治制度，以及有关社会历史发展的特别重要的代表性文物；

（二）反映历代生产力的发展、生产技术的进步和科学发明创造的特别重要的代表性文物；

（三）反映各民族社会历史发展和促进民族团结、维护祖国统一的特别重要的代表性文物；

（四）反映历代劳动人民反抗剥削、压迫和著名起义领袖的特别重要的代表性文物；

（五）反映历代中外关系和在政治、经济、军事、科技、教育、文化、艺术、宗教、卫生、体育等方面相互交流的特别重要的代表性文物；

（六）反映中华民族抗御外侮，反抗侵略的历史事件和重要历史人物的特别重要的代表性文物；

（七）反映历代著名的思想家、政治家、军事家、科学家、发明家、教育家、文学家、艺术家等特别重要的代表性文物，著名工匠的特别重要的代表性作品；

（八）反映各民族生活习俗、文化艺术、工艺美术、宗教信仰的具有特别重要价值的代表性文物；

（九）中国古旧图书中具有特别重要价值的代表性的善本；

（十）反映有关国际共产主义运动中的重大事件和杰出领袖人物的革命实践活动，以及为中国革命做出重大贡献的国际主义战士的特别重要的代表性文物；

（十一）与中国近代（1840—1949）历史上的重大事件、重要人物、著名烈士、著名英雄模范有关的特别重要的代表性文物；

（十二）中华人民共和国成立以来的重大历史事件、重大建设成就、重要领袖人物、著名烈士、著名英雄模范有关的特别重要的代表性文物；

（十三）与中国共产党和近代其他各党派、团体的重大事件、重要人物、爱国侨胞及其他社会知名人士有关的特别重要的代表性文物；

（十四）其他具有特别重要历史、艺术、科学价值的代表性文物。

二、二级文物定级标准

（一）反映中国各个历史时期的生产力和生产关系及其经济制度、政治制度，以及有关社会历史发展的具有重要价值的文物；

（二）反映一个地区、一个民族或某一个时代的具有重要价值的文物；

（三）反映某一历史人物、历史事件或对研究某一历史问题有重要价值的文物；

（四）反映某种考古学文化类型和文化特征，能说明某一历史问题的成组文物；

（五）历史、艺术、科学价值一般，但材质贵重的文物；

（六）反映各地区、各民族的重要民俗文物；

（七）历代著名艺术家或著名工匠的重要作品；

（八）古旧图书中具有重要价值的善本；

（九）反映中国近代（1840—1949）历史上的重大事件、重要人物、著名烈士、著名英雄模范的具有重要价值的文物；

（十）反映中华人民共和国成立以来的重大历史事件、重大建设成就、重要领袖人物、著名烈士、著名英雄模范的具有重要价值的文物；

（十一）反映中国共产党和近代其他各党派、团体的重大事件，重要人物、爱国侨胞及其他社会知名人士的具有重要价值的文物；

（十二）其他具有重要历史、艺术、科学价值的文物。

三、三级文物定级标准

（一）反映中国各个历史时期的生产力和生产关系及其经济制度、政治制度，以及有关社会历史发展的比较重要的文物；

（二）反映一个地区、一个民族或某一时代的具有比较重要价值的文物；

（三）反映某一历史事件或人物，对研究某一历史问题有比较重要价值的文物；

（四）反映某种考古学文化类型和文化特征的具有比较重要价值的文物；

（五）具有比较重要价值的民族、民俗文物；

（六）某一历史时期艺术水平和工艺水平较高，但有损伤的作品；

（七）古旧图书中具有比较重要价值的善本；

（八）反映中国近代（1840—1949）历史上的重大事件、重要人物、著名烈士、著名英雄模范的具有比较重要价值的文物；

（九）反映中华人民共和国成立以来的重大历史事件、重大建设成就、重要领袖人物、著名烈士、著名英雄模范的具有比较重要价值的文物；

（十）反映中国共产党和近代其他各党派、团体的重大事件，重要人物、爱国侨胞及其他社会知名人士的具有比较重要价值的文物；

（十一）其他具有比较重要的历史、艺术、科学价值的文物。

四、一般文物定级标准

（一）反映中国各个历史时期的生产力和生产关系及其经济制度、政治制度，以及有关社会历史发展的具有一定价值的文物；

（二）具有一定价值的民族、民俗文物；

（三）反映某一历史事件、历史人物，具有一定价值的文物；

（四）具有一定价值的古旧图书、资料等；

（五）具有一定价值的历代生产、生活用具等；

（六）具有一定价值的历代艺术品、工艺品等；

（七）其他具有一定历史、艺术、科学价值的文物。

五、博物馆、文物单位等有关文物收藏机构，均可用本标准对其文物藏品鉴选和定级。社会上其他散存的文物，需要定级时，可照此执行。

六、本标准由国家文物局负责解释。

附：一级文物定级标准举例

一级文物定级标准举例

一、**玉、石器** 时代确切，质地优良，在艺术上和工艺上有特色和有特别重要价值的；有确切出土地点，有刻文、铭记、款识或其他重要特征，可作为断代标准的；有明显地方特点，能代表考古学一种文化类型、一个地区或作坊杰出成就的；能反映某一时代风格和艺术水平的有关民族关系和中外关系的代表作。

二、**陶器** 代表考古学某一文化类型，其造型和纹饰具有特别重要价值的；有确切出土地点可作为断代标准的；三彩作品中造型优美、色彩艳丽、具有特别重要价值的；紫砂器中，器形完美，出于古代与近代名家之手的代表性作品。

三、**瓷器** 时代确切，在艺术上或工艺上有特别重要价值的；有纪年或确切出土地点可作为断代标准的；造型、纹饰、釉色等能反映时代风格和浓郁民族色彩的；有文献记载的名瓷、历代官窑及民窑的代表作。

四、**铜器** 造型、纹饰精美，能代表某个时期工艺铸造技术水平的；有确切出土地点可作为断代标准的；铭文反映重大历史事件、重要历史人物的或书法艺术水平高的；在工艺发展史上具有特别重要价值的。

　　五、铁器　在中国冶铸、锻造史上，占有特别重要地位的钢铁制品；有明确出土地点和特别重要价值的铁质文物；有铭文或错金银、镶嵌等精湛工艺的古代器具；历代名人所用，或与重大历史事件有直接联系的铁制历史遗物。

　　六、金银器　工艺水平高超，造型或纹饰十分精美，具有特别重要价值的；年代、地点确切或有名款，可作断代标准的金银制品。

　　七、漆器　代表某一历史时期典型工艺品种和特点的；造型、纹饰、雕工工艺水平高超的；著名工匠的代表作。

　　八、雕塑　造型优美、时代确切，或有题记款识，具有鲜明时代特点和艺术风格的金属、玉、石、木、泥和陶瓷、髹漆、牙骨等各种质地的、具有特别重要价值的雕塑作品。

　　九、石刻砖瓦　时代较早，有代表性的石刻；刻有年款或物主铭记可作为断代标准的造像碑；能直接反映社会生产、生活，神态生动、造型优美的石雕；技法精巧、内容丰富的画像石；有重大史料价值或艺术价值的碑碣墓志；文字或纹饰精美，历史、艺术价值特别重要的砖瓦。

　　十、书法绘画　元代以前比较完整的书画；唐以前首尾齐全有年款的写本；宋以前经卷中有作者或纪年且书法水平较高的；宋、元时代有名款或虽无名款而艺术水平较高的；具有特别重要价值的历代名人手迹；明清以来特别重要艺术流派或著名书画家的精品。

　　十一、古砚　时代确切，质地良好，遗存稀少的；造型与纹饰具有鲜明时代特征，工艺水平很高的端、歙等四大名砚；有确切出土地点，或流传有绪，制作精美，保存完好，可作断代标准的；历代重要历史人物使用过的或题铭价值很高的；历代著名工匠的代表作。

　　十二、甲骨　所记内容具有特别重要的史料价值，龟甲、兽骨比较完整的；所刻文字精美或具有特点，能起断代作用的。

　　十三、玺印符牌　具有特别重要价值的官私玺、印、封泥和符牌；明、清篆刻中主要流派或主要代表人物的代表作。

　　十四、钱币　在中国钱币发展史上占有特别重要地位、具有特别重要价值的历代钱币、钱范和钞版。

十五、牙骨角器 时代确切，在雕刻艺术史上具有特别重要价值的；反映民族工艺特点和工艺发展史的；各个时期著名工匠或艺术家代表作，以及历史久远的象牙制品。

十六、竹木雕 时代确切，具有特别重要价值，在竹木雕工艺史上有独特风格，可作为断代标准的；制作精巧、工艺水平极高的；著名工匠或艺术家的代表作。

十七、家具 元代以前（含元代）的木质家具及精巧明器；明清家具中以黄花梨、紫檀、鸡翅木、铁梨、乌木等珍贵木材制作、造型优美、保存完好、工艺精良的；明清时期制作精良的髹饰家具，明清及近现代名人使用的或具有重大历史价值的家具。

十八、珐琅 时代确切，具有鲜明特点，造型、纹饰、釉色、工艺水平很高的珐琅制品。

十九、织绣 时代、产地准确的；能代表一个历史时期工艺水平的具有特别重要价值的不同织绣品种的典型实物；色彩艳丽，纹饰精美，具有典型时代特征的；著名织绣工艺家的代表作。

二十、古籍善本 元以前的碑帖、写本、印本；明清两代著名学者、藏书家撰写或整理校订的、在某一学科领域有重要价值的稿本、抄本；在图书内容、版刻水平、纸张、印刷、装帧等方面有特色的明清印本（包括刻本、活字本、有精美版画的印本、彩色套印本）、抄本；有明、清时期著名学者、藏书家批校题跋、且批校题跋内容具有重要学术资料价值的印本、抄本。

二十一、碑帖拓本 元代以前的碑帖拓本；明代整张拓片和罕见的拓本；初拓精本；原物重要且已佚失，拓本流传极少的清代或近代拓本；明清时期精拓套帖；清代及清代以前有历代名家重要题跋的拓本。

二十二、武器 在武器发展史上，能代表一个历史阶段军械水平的；在重要战役或重要事件中使用的；历代著名人物使用的、具有特别重要价值的武器。

二十三、邮品 反映清代、民国、解放区邮政历史的、存量稀少的；中华人民共和国建国以来具有特别重要价值的邮票和邮品。

二十四、文件、宣传品 反映重大历史事件，内容重要，具有特别重要意义的正式文件或文件原稿；传单、标语、宣传画、号外、捷报；证章、奖章、纪念章等。

二十五、档案文书 从某一侧面反映社会生产关系、经济制度、政治制度和土地、人口、疆域变迁以及重大历史事件、重要历史人物事迹的历代诏谕、文告、题本、奏折、诰命、舆图、人丁黄册、田亩钱粮簿册、红白契约、文据、书札等官方档案和民间文书中，具有特别重要价值的。

二十六、名人遗物 已故中国共产党著名领袖人物、各民主党派著名领导人、著名爱国侨领、著名社会活动家的具有特别重要价值的手稿、信札、题词、题字等以及具有特别重要意义的用品。

注：二、三级文物定级标准举例可依据一级文物定级标准举例类推

《文物藏品定级标准图例》前言

依据《中华人民共和国文物保护法》，1987 年中华人民共和国文化部颁布《文物藏品定级标准》，经过多年的实践检验，证明该项标准是基本可行的，但要补充与进一步完善。

国家文物鉴定委员会在多年的文物鉴定工作中积累了丰富的经验。1997年 3 月，受国家文物局的委托，开始对《文物藏品定级标准》进行修改，国家文物鉴定委员会多次组织专家，历经三年，终于在二十世纪末提出修改方案。经国家文物局反复审核，报经文化部批准，于 2001 年 4 月颁布实施。为了提高文物管理水平，改善、提高对文物鉴定工作的监督作用，早在1997年 3 月，国家文物局就授权国家文物鉴定委员会编辑出版《文物藏品定级标准图例》。

此次颁布实施的修订后的《文物藏品定级标准》规定：珍贵文物中，具有特别重要历史、艺术、科学价值的为一级文物；具有重要历史、艺术、科学价值的为二级文物；具有比较重要历史、艺术、科学价值的为三级文物；一般文物为具有一定历史、艺术、科学价值的文物。2002 年修订后的《中华人民共和国文物保护法》第三条规定，可移动文物分为珍贵文物和一般文物；珍贵文物分为一级文物、二级文物、三级文物。文物级别的区分，从法律上予以了确认。

国家颁布的文物保护法第四章规定："博物馆、图书馆和其他文物收藏单位对收藏的文物，必须区分文物等级，设置藏品档案，建立严格的管理制度。"

第七章规定"有下列行为之一，构成犯罪的，依法追究刑事责任：

（一）盗掘古文化遗址、古墓葬的；

（二）故意或者过失损毁国家保护的珍贵文物的；

（三）擅自将国有馆藏文物出售或者私自送给非国有单位或者个人的；

（四）将国家禁止出境的珍贵文物私自出售或者送给外国人的；

（五）以牟利为目的倒卖国家禁止经营的文物的；

（六）走私文物的；

（七）盗窃、哄抢、私分或者非法侵占国家文物的；"

执行以上各条款，首先要区分文物等级，因此，文物定级既是文物管理工作的前提和基础，又是打击文物犯罪的犀利武器。实施一切保护文物的法律法规，它的技术前提首先是文物定级。

文物是人类历史文化的遗存物，从不同的领域或侧面反映出历史上人们认识世界、改造世界的状况，是研究、认识人类社会历史的可靠凭证。文物是历史长河中同类物品的幸存者，只有文物能够突破时间和空间的限制，给历史以可以触摸的质感，并成为历史知识与历史形象的载体。文物所具有的认识作用、教育作用和公证作用，构成了文物特性的表现形式。由于文物具有这种特性，所以每件文物都是多种历史信息的综合载体。它所承载的信息量及珍贵程度因物而异，因此文物才可以定级别，才有确定级别的依据。

多年实践经验告诉我们，在运用文物藏品定级标准时，要考虑该类文物藏品的存量、分布、现状、功能、制作及工艺水平，质地和流传经过等诸多因素，进行综合评定。

文物的级别是一个区间。同一个区间，也就是同一个级别的相类文物可有一定差异，换言之，可有其上线及下线。两个相邻级别之间，有着一定的模糊度，有些差异难于量化表现。在文物鉴定工作中，准确的定级是鉴定工作的至高点，也是鉴定工作的归宿。

为了更好地贯彻执行修改后的《文物藏品定级标准》，国家文物鉴定委员会按照国家文物保护法的要求，依据修订后的《文物藏品定级标准》，编纂了《文物藏品定级标准图例》。这套图书具有学术性、实用性和权威性。全书25卷，含37类文物。为编纂此书，国家文物鉴定委员会聘请了几十位专家，他们将多年的经验积累，注入了本书的编写工作之中。每册书稿都经过集体讨论和审定，通过图例形式对《文物藏品定级标准》进行较为准确的形象解释。这将有利于推进国家颁布的《文物藏品定级标准》的实施，使文物藏品的分级管理得到进一步完善，对社会流散文物的管理则会得到进一步加强。由于提高了文物定级工作的透明度，将有利于公正执法。

我国历史悠久，幅员辽阔。各地文物藏品的数量、品种、质量极不平衡；各地的文物鉴定工作者在人数、业务水平，以及各自的阅历、素质上，也存在着一定的差异。在去伪存真的前提下，在执行、运用文物藏品定级标准过程中，往往会出现差距，有时甚至出现很大差距。久而久之，在事实上则出现了地方标准和单位标准，这对文物的管理和保护工作十分不利。此套图书的出版发行，将有利于克服这一现象。

在编辑出版此书的过程中，得到了有关博物馆（院）、文物研究与收藏单位的大力支持，得到了很多文博专家、学者的帮助。在这里特别要向鼎力支持本书的 启功 、史树青、 刘巨成 、 朱家溍 、杨伯达、孙机等先生表示衷心感谢！

随着我国文物事业的发展，文物藏品定级工作还会出现新情况、新问题，希望各位专家和读者在阅读使用此书的过程中，提出宝贵意见，以使其日臻完善，这是我们所期盼的。

刘东瑞

2005 年 8 月

《文物藏品定级标准图例》凡例

　　一　《文物藏品定级标准图例》（简称《图例》）是一套图例系列丛书，按类别分卷。或按质地，如《玉器》、《铜器》；或按功能、用途，如《鼻烟壶》、《印章》；或按艺术品种，如《绘画》、《书法》等。

　　二　每卷前面所载《文物藏品定级标准》作为本卷《图例》选录的依据。

　　三　《图例》收录范围，各类根据实际情况确定。如《玉器》选录自新石器时代至民国时期（即 1949 年以前），《鼻烟壶》选录自清代至民国时期（即 1949 年以前）。

　　四　每卷内容分为珍贵文物与一般文物两部分。珍贵文物又分为一、二、三级，每个级别所选器物尽量照顾时代与品种。一件文物的图片如其表现完好，文字未注明有损伤，则此物完好。

　　五　同一类别中相同或相似的文物有明确出土地点的（如墓葬、遗址、地层、水域等），有重要流传经过的，蕴含重要情节的，或与重要历史事件、历史人物相关的，则可适当"加分"。能否影响文物级别，视具体情况而定。

　　六　每件文物图片之下均有言简意赅的文字说明。年代一般只注朝代或考古时期。历史纪年用旧纪年夹注公元纪年。公元 1000 年以前的加"公元"二字，如南朝（公元 420～589 年）；公元 1000 年以后的不加，如明永乐（1403～1424 年）、清乾隆二年（1737 年）；公元前的加"公元前"三字，如西汉建元二年至元光元年（公元前 140～前 134 年）；不便用旧纪年的，用公元纪年或世纪表示。

　　七　数据均按中华人民共和国法定计量单位书写。

《文物藏品定级标准图例》玉器定级述要

　　玉器的辨别、品评，在中国由来已久，各个时期历史背景不同，评判标准也不尽一致。章鸿钊在《石雅》一书中称："古人辨玉，首德次符"，"先秦贵德不贵符"。当代学者认为，德是指玉的质地和物质特性，先秦儒家往往把道德信条赋予玉的各种物理性能。符是指玉的颜色和外观。到了东汉，许慎《说文解字》云："玉，石之美有五德"，这就把玉的外观美提高到德与符并列的地步，由首德次符发展到德符并重。到了汉魏时期，重符似乎更甚于重德。"君子比德于玉"的观念逐渐淡薄。自宋以来，收藏古物之风日盛，买卖古物的行业随之而兴，因而日益需要鉴别古物真伪优劣的知识。玉器本身除实用功能外，其宝物价值被提升到重要地位。明人曹昭所著《格古要论》是中国现存最早的文物鉴定专著。"格古"一词可以理解为划分古物的优劣高下。他在卷七珍宝论中对玉器有如下的论述："玉出西域于阗国，有五色，利刃刮不动。温润而泽，摸之，灵泉应手而生。凡看玉器白色为上，黄色碧色亦贵，更碾琢奇巧，敦厚者尤佳。背有瑕玷，皱动夹石及色不正欠润之价低"。曹昭在书中虽没有提出玉器分级的概念，但对玉器优劣高下剖析得十分清楚，与我们今日分级标准某些方面也有吻合之处。清代乾隆帝酷爱古物，对古玉勤于鉴考，详加品评，同时对清代制玉做了分级。本卷贰级品中入选的清代菊瓣椭圆盒，盒底刻"乙"字，为乾隆帝所定宫廷玉器等级，恰与本卷所定贰级品相合。

　　玉器定级是一项科学性、实用性很强的工作，被定级的文物需要我们仔细去鉴别，去解读。从事这项工作的人员，既要有深厚的理论修养和广博的学识，又要有丰富的实践经验。需要谙熟玉器的断代、源流、功能、真伪、存量、珍稀程度。因此，一方面要总结、继承前人对玉器辨别、品评、鉴考的结果；另一方面从时代要求出发，还需要汲取当代相关科学研究的成果，极力探求玉器蕴含的人文价值和信息负载，全面揭示其历史价值、艺术价值和科学价值。根据文化部 2001 年 4 月颁布的《文物藏品定级标准》的规定，"文物藏品分为珍贵文物和一般文物。珍贵文物分为壹、贰、叁级。具有特别重要历史、艺术、科学价值的代表性文物为壹级文物；具有重要历史、艺术、科学价值的为贰级文物；具有比较重要历史、艺术、科学价值的为叁级文物。具有一定的历史、艺术、科学价值的为一般文物"，现将入选本卷的各级文物分述如下。

一　壹级品定级举例

《文物藏品定级标准·附录》原则规定，壹级品玉器需符合如下条件："玉、石器——时代确切，质地优良，在艺术上和工艺上有特色和有特别重要价值的；有确切出土地点，有刻文、铭记、款识或其他重要特征，可作为断代标准的；有明显地方特点，能代表考古学一种文化类型，一个地区或作坊杰出成就的；能反映某一时代风格和艺术水平的有关民族关系或中外关系的代表作。"现根据以上原则，结合入选本卷实物，归纳如下：

（1）有明显地方特点，能代表考古学某一种文化类型的佳作。

编号 1 新石器时代兴隆洼文化玉玦，传世品中习见，若失去出土地点的采集品或传世品，仅能定到叁级。此件系 1992 年内蒙古敖汉旗兴隆洼遗址科学发掘品中的典型代表。它是我国首次出土的人体最早的佩饰，制作古朴，具有初创时期的原始特征，在玉玦的起始史研究上意义重大。

编号 6 新石器时代红山文化玉兽面纹多齿佩，系 1995 年辽宁省建平县牛河梁第二地点 1 号冢 27 号墓出土。在此之前，近似器型的多齿佩，多为采集品或传世品，它的面世，解决了传世品中一系列多齿佩的断代和文化属性问题。

编号 24 新石器时代良渚文化玉神人兽面纹钺，1986 年浙江省余杭县长命乡雉山村反山 12 号墓出土。钺上角用线浮雕和阴刻手法琢成神人兽面纹，与同墓地出土被人称为"玉琮王"上的神徽十分相似。玉琮王是良渚文化玉器的精粹，它为壹级品自不必说。这件玉钺也是近年考古发掘品中所仅见，也是同类钺中最为精美的一件。

（2）有确切出土地点，有刻文、铭记、款识或其他重要特征，可作为断代标准的典型器物。

编号83号的青白玉童子，2000年浙江杭州西湖雷峰塔基遗址出土，是日前所知年代最早的玉琢童子形象。其雕琢技法有唐代遗风。此乃为数不多的考古发掘品之一，年代确切，对研究宋代玉器有重要价值。

编号88辽代白玉卧兽，出自内蒙古自治区巴林右旗白音汉窖藏。玉兽身首蜷曲，似在伏憩，立意巧妙。由于史料和实物的缺乏，以往从传世品中甄别辽代玉器比较困难，此是一件时代确切，难得一见的契丹族玉工所做玉器，可做为同类玉器的标准器。

编号94金代玉童子，黑龙江省绥滨县中兴墓所出，黑龙江地区是金朝故土，今绥滨县中兴地区是金人腹地，玉童子则是金朝玉作的典型代表。以往传世玉童子甚夥，一般定级为叁级品或一般文物。但此件是唯一具有明确年代和出土地点的金代出土品，有着特殊意义。

编号93元玉虎纽押，1956年安徽省安庆市范文虎夫妇合葬墓出土。元末明初人陶宗仪《南村辍耕录》载："今蒙古、色目人之为官者，多不能执笔画押，宰辅及近侍官至一品者，得旨则用玉图书押字，非特赐不能用。"范文虎生前所用青玉虎纽押，应为"特赐"之列，为研究元押制度提供了新资料，具有特别重要的历史、艺术价值。

（3）时代确切，质地优良，在艺术上和工艺上有特色和特别重要价值的佳品。

在时代确切的前提下，玉器定级着重考虑材质美，汉以后和田玉中的白、黄、墨玉应为首选，其次要综合考虑造型美、纹饰美、工艺美，这几者若统一，则是玉器美的最高境界，也就是具有特别重要的历史价值、艺术价值。本卷入选的壹级品中不乏其例。如编号33湖北省黄陂盘龙城出土商代玉戈，编号35四川省广汉市三星堆2号祭祀坑出土的玉璋，编号41陕西省长安县张家坡西周墓出土玉琮。前者是已知形体最大，加工最为精细商代大玉戈；中者玉璋上阴刻祭山图场面，人物和衬景清晰，极为鲜见；后者琮的四面琢刻凤鸟纹，平常所见西周玉琮均为素面，琢饰凤鸟纹的玉琮仅此一件。

编号99山东邹县明朱檀墓中所出的玉秋葵花杯，编号108故宫旧藏清乾隆白玉镂空螭虎带托盏，编号 109 故宫旧藏清乾隆白玉镂空牡丹花熏，是明代亲王和清宫廷藏玉的杰出代表，它们的共同点是质地优良，选用上等和田白玉制成，温润细腻，莹泽亮丽，再加上碾琢奇巧的纹饰，敦厚大方的造型，良工巧匠的技艺，凸显其内在品质和外观上的完美。

（4）历史的见证物，具有特别重要的历史价值、科学价值的范例。

编号 43 山西省曲沃晋侯墓地 92 号墓出土的西周四珩四璜佩。在此之前，组玉佩散佚的构件常见，但组合关系不十分清楚。此次晋侯墓地出土组玉佩，结构复杂，制作华美，保存完好，穿缀关系清楚。晋侯墓所出组玉佩既能直观反映周代贵族"佩玉节步"礼仪的实际情况，又代表周代制作组玉佩的水平和成就。编号 50 玉牛牲同样是晋侯墓地所出，塑造牛的四肢与一平板相连，颈下支撑一丫形物，再现了当时诸侯国太宰用牛牲祭祀的情景。

（5）能反映某一时代风格和艺术水平的有关民族关系或中外关系的代表作品。

编号 76 唐代玛瑙羚羊首杯，陕西省西安市南郊何家村窖藏出土。此类杯型通行于波斯诸国，反映了唐代与波斯文化的交流。又如编号 106 故宫旧藏清玉错金镶红宝石双耳碗。此玉碗是痕都斯坦（即印度莫卧尔王朝）玉器，乾隆五十一年（1786 年）此碗被刻上御题诗和御用款，又常为乾隆帝在举行重大典礼时御赐奶茶时所用。它是研究痕都斯坦玉器以及清廷与印度王朝玉器交流的重要资料，都可视作反映中外关系的代表作。

二 贰级品定级举例

按照《文物藏品定级标准》的规定："具有重要历史、艺术、科学价值的为贰级文物"，它是界于特别重要的壹级文物与比较重要的叁级文物之间的一个档次。具体掌握以下几个条件：

（1）时代确切，且具有重要历史、艺术价值，但近似同类作品遗存较为丰富。

编号 127 新石器时代良渚文化玉琮，1987 年浙江省余杭安溪乡下湾村瑶山墓地出土，玉琮纹饰清晰，形象别致。瑶山处于良渚文化遗址中心范围，但瑶山以及其他地点良渚文化遗址出土同类型品较多，此件坯料原就有凹缺，与前定壹级品相比，稍逊一筹。

编号136殷墟妇好墓所出商玉龙形玦，此种造型相同的玦，妇好墓共出9件，玉质和纹饰尚佳，其中若干件均可分别定为贰级。

编号158河北省满城汉墓所出玉双身龙纹璧，类似者颇多，仅满城刘胜、窦绾二墓就出土23件，但都是研究西汉诸侯王敛尸制度的实证，完好者均可定为贰级文物。

（2）时代久远，早期文化类型的代表性玉器，或因系采集品，科学价值减低；或虽系科学发掘品，但造型、纹饰、工艺简单，达不到高精尖水平。

编号113天津市宝坻县牛道口村采集的新石器时代中期玉玦，是早期玉玦由北向南扩散的中间链环，具有重要的学术研究价值，但系遗址附近采集品，层位及伴出物不清楚，科学价值稍逊。

编号114辽宁省建平县牛河梁出土的新石器时代红山文化玉镯，出土时套在人骨右腕上，部位清楚，对研究红山文化先民习俗和早期人体佩饰有重要价值，但光素无纹，工艺略显简单，定为贰级品比较合理。

编号162河南省洛阳市涧西区曹魏墓出土的玉杯，杯壁厚薄均匀，工整端庄，虽无纹饰，但三国·魏时代确切的玉器屈指可数，较为难得，可定为贰级文物。

（3）器物本身制作工艺水平很高，但存在某些缺陷。

编号145山西省曲沃晋侯墓出土的春秋玉龙纹牌，单面雕琢两条双首龙纹，外轮廓镂空，显得玲珑剔透，可惜与其连属的珠、管等串饰失散，虽是组件中的主体，但只能定贰级。

编号153河北省平山县中山国墓出土的玉人，是嵌于木漆器之上装饰。原物已毁，此玉人像虽不是独立的艺术品，但它是出土的中山国玉人像的首例，对研究中山国的族属，人体形态、服饰，提供了资料，可定为贰级文物。

编号168故宫旧藏唐代玉狻猊，因材料关系，碾琢时随形迁就，狻猊的体貌不能全面展开，观赏性受些限制，只能定为贰级文物。

（4）器物本身虽不够十分精湛，存世量也较多，但时代确切，或系纪年墓所出，足资作为断代依据。

编号184江苏省吴锡市大浮乡钱裕墓出土之玉鳜鱼佩，形态生动，刀法娴熟，线条精细，近似的传世品较多，但此件可作为鉴定、甄选同类型、同时代传世品的对比标准，可定贰级文物。

编号191甘肃省兰州市上西园彭泽墓出土的玉镂空花鸟纹带钩一套，构件比较全，传世相同作品甚多，但此带钩系明嘉靖初年兵部尚书彭泽诰命夫人所用，属主清楚，年代可靠，与习见的构件不全，零散的带钩不能定为同一级别。

编号204故宫旧藏清代玉有盖瓜棱瓶，用和田白玉制成，造型新颖，琢磨简洁，光洁度强，底足阴文"乾隆年制"篆书款，是清乾隆宫廷陈设玉器的佳作，可作为判识传世"乾隆玉"款识、做工真伪优劣的对比物。

三　叁级品定级举例

叁级品在《文物藏品定级标准》的规定中，属于珍贵文物范畴中最低的一个档次，但它仍具有比较重要的历史、艺术、科学价值。具体掌握如下分寸：

（1）时代确切的出土品，或因存世量较多，或因形体较小，或因选材、纹饰、做工欠佳。

编号218江苏省阜宁县板湖乡陆庄出土新石器时代玉锥形坠饰，圆锥体，后端有对钻小孔，可穿系，磨制光滑，未加纹饰。锥形饰在良渚文化遗址中多有发现，其功能和用途不一，此件可能是项饰中的构件之一，存世量很多，只能定为叁级。

编号223河南省辉县琉璃阁商墓出土玉柄形器，表面抛光，无纹饰，做工欠佳，近似白玉。柄形器，传世和出土的都很多，但这件为商代中期墓所出，时代、地点都很明确，可作为研究柄形器产生、发展、演变的一个中间实例，定为叁级文物。

编号237河南省辉县固围村1号祭祀坑出土的战国玉圭，玉质欠佳，侵蚀较重，做工简朴，工艺难度不大，但器表留有绢帛残片，可知此圭系先用绢帛包裹之后再埋入祭祀坑的。系科学发掘品，传递了埋藏环境等更多信息，对探讨东周礼制、礼器逐渐衰落的迹象，仍有比较重要的价值。

编号244河北省满城窦绾墓所出玉蒲席地卧蚕纹璧，纹饰普通，此类璧出土和传世品中存量较多，同墓所出玉双身龙纹璧已定为贰级，此璧从选材、纹饰、做工都不如前者，故定为叁级文物。

编号250河北省定州东汉墓出土玉坠饰，玉质尚佳，形体较小，传世品中也较为常见，习惯称为司南佩，此件是考古发掘品，年代确切，对鉴别同类传世品有参考价值，可纳入叁级文物。

（2）出土品或传世品中，本身具有重要价值，但存在缺陷，定级时降一个档次。如玉质欠佳，侵蚀严重；配套组合构件不全；器有残缺，用旧玉改制；或专为殉葬所做的冥器。

编号214天津市艺术博物馆旧藏新石器时代龙山文化青玉刀，长达36.4厘米，与陕西石峁文化遗址所出墨玉刀风格近似，若本件是考古发掘品可定贰级，但此为收购藏品，出土地点不明，且边角略有残损，只能定为叁级文物。

编号219湖南省华容县毛家村104号墓所出新石器时代大溪文化玉镯，玉质欠佳，表面侵蚀严重，玉色全褪，且有断裂痕迹。因大溪文化遗存玉器不多，仍具有比较重要的历史、艺术价值。

编号234天津市艺术博物馆旧存春秋玉玦，阴刻龙纹，趋于简括，勾勒不清。此类在出土和传世品中尚多见，一般成双保存，此仅存单件，只能定为叁级。

编号274江西省南城县明益宣王墓出土的青玉佩两组，每组由一银提头、一珩、一瑀、一琚、二璜、一冲牙、四玉坠滴及302粒珠缀连而成，其中玉珩、玉冲牙上原有蒲纹和双钩阴线，可知其利用西汉玉璧残片改制，非生前所戴，可能是为殉葬制作的冥器，故定为叁级文物。

（3）器物本身为常见的器种，同类传世品存量众多，但所选皆为可资对比的科学发掘品。

编号242四川省成都市羊子山172号墓所出战国玉剑首，体扁平，圆饼形，纹饰清晰。玉剑首传世品多见，此为有确切地点的战国墓所出，可作为断代和对比的佐证。

编号243河北省满城刘胜墓所出西汉玉勾连云纹带钩。玉带钩自良渚文化出现以后，历经春秋、战国繁衍至明清，传世量繁多，造型多样，纹饰、图案制作精粗不一，其中质地优良、纹饰图案独特、工艺复杂、制作水平极高的带钩，如广州南越王墓所出西汉龙虎并体带钩，定为壹级。而这件玉带钩，为西汉诸侯王日常用器，无刻意追求，工艺一般，定为叁级品较为适当。

编号 245 山东省巨野县红土山汉墓出土的玉猪，形象逼真，线条流畅，系墓主人随葬时的玉握，多成双成对，是常见的一种敛尸用玉，此件时代明确，做工尚佳，可作为传世玉猪断代参考。

编号 273 陕西省西安市文物局征集明白玉镂空龙纹带铐，是一副玉带中的散件之一。前面编号 191 彭泽夫妇墓所出明代玉带铐，定为贰级。此件自然不能与编号 191 定为同一级别，但鉴于带铐长方形框内，双层透空镂雕龙纹比较精细，装饰效果尚佳，可定为叁级文物。

四　一般文物定级举例

1987 文化部颁布的《文物藏品定级标准》尚没有一般文物定级的条款，2001 年报经文化部批准，重新修订的《文物藏品定级标准》，对一般文物定级做出了新的界定："具有一定价值的历代生产、生活用具等"，"其他具有一定历史、艺术、科学价值的文物"。已往有些文物机构，把符合入藏条件叁级品以外的文物，定为参考品、资料或四级品，此次规范统一为一般文物。就玉器定级而言，一般文物的范畴，主要为同类品存世量极大，多数非科学发掘品，缺陷较多，题材图案缺乏新意，甚至略显粗俗，工艺相对粗糙者。另外，有些判明是仿品，或旧物改制，加刻花纹、染色、烧烤作旧，但在真伪对比中有参考价值，符合入藏条件的也可纳入此类。也有一部分其价值尚未被发现，未被认识，或者存在歧义，暂时列入一般文物，待有科学结论，也可提升级别。属于一般文物的玉器可以是馆藏藏品，也可以是流通领域的文物商品。如何确定玉器中的一般文物举例如下：

（1）出土或传世品中时代较早的玉器，品相一般，或有某些缺陷。

编号 290 天津市艺术博物馆旧藏新石器时代良渚文化玉锥形饰，素面，单件锥形饰是玉串饰中的组件之一，较为常见，有明确出土地点、形制相似的玉锥形饰已定为叁级，此件定较低的一个档次。

编号 289 天津市艺术博物馆旧藏新石器时代良渚文化玉柱形器，圆柱体，柱中空，孔内壁存有原始工艺对钻错位的痕迹。此类器近年在浙江余杭反山、瑶山良渚文化墓地曾出土多件，有学者推测为樽饰。或素面，或饰神人兽面像，或带盖，或无盖。此器系早年入藏，器面上有两组神人兽面纹，是否是原刻尚存有疑问，即使是后加纹饰，也是鉴定古玉后琢纹饰的参考品，故权列入一般文物。

编号291山东省荏平县城关镇尚庄村出土的新石器时代大汶口文化玉镯，镯体残缺一角，保存状况不佳，但镯体呈圆角方形，是大汶口文化玉镯独有的特点，具有一定的历史、艺术价值。

编号293故宫旧藏五代玉花卉纹梳背，中部断裂残缺，但纹饰别具一格，对了解唐五代花鸟纹全貌仍有参考价值，可定为一般文物。

（2）传世品时代晚近的明清仿古玉或伪托款玉器

编号304旧藏玉螭纹璧，压地隐起双螭虎，系明代仿汉玉制品。此类相似物品习见，多是民间玉肆出品。

编号313清仿古玉剑璏，编号326清仿古玉剑格，这两件玉具剑组件都是清代民间仿古制品。玉具剑从春秋、战国启用，演变至明清，时过境迁，已失去了原有功能，成了民间佩戴或把玩之器。

编号320清代仿汉鸡心佩，为清代民间喜用的饰物。又如编号323清二龙戏珠纹璜，编号324清螭虎龙浮雕镇纸，有的是染色作旧，有的是烧烤作旧，只能定为一般文物。

编号318旧藏清玉子冈款仕女图佩，系和田青白玉制品，玉质尚佳。此种佩俗称子冈牌。其一面琢隐起仕女图，一面碾隐起草书诗文句，并落"子冈"款。陆子冈是嘉靖、万历年间苏州地区玉雕行业的杰出代表，他的作品，选材严格，做工严谨，技法精妙，并首创诗文印款，但本件系委托款，做工欠佳，为清代中后期仿品，只能列入一般文物。

（3）明清时玉作中的大路货，造型欠美，做工较粗。

编号299明双耳乳丁纹杯，为明晚期粗工作品，存世较多。又如编号298明玉二龙戏珠手镯，是明晚期常见的手镯形式，极为普通。

编号306江苏无锡市龚勉墓出土明玉弯头簪，簪首做蘑菇状，颈弯，簪身呈锥状，为男子所用之物，从造型、琢制工艺看系晚明风格，存世数量很大。编号315清玉福寿磬式佩，器面琢寿山福海，松竹芝兰，是清代民间流行的年节装饰品和礼品，以上定为一般文物较为合宜。

编号 321 清玉镂雕福寿瓦子，瓦子系镶嵌在檀木如意上的附件，有的用前朝"春水玉"等佩饰改做，有的则是本朝特意生产。完整的玉镶如意可定稍高级别，此件做工一般，又不见全貌，只能定为一般文物。

从以上各个级别玉器叙述中可知，玉器定级诸要素中功能、年代、质地、存量、工艺水平、保存状况等有时要综合考虑，有时也可根据其中突出方面来确定，同时客观上还存在同一级别同一平台中的差异，可比性难以划一，也不排除由于角度不同，所定结果存在值得商榷之处。随着研究的深入和又一轮的考古新发现，不排除从高一级档次降至低一级档次，也有从低一些档次升入高一级档次的可能。总之玉器定级工作中还会出现新情况、新问题，有待有关专家和识者共同关心，共同努力，使其更加完备，更加具有学习价值、参考价值和实用价值。

云希正

2005 年 8 月

壹级文物

图版目录

贰级文物

CONTENTS
OF
THE
PLATES

FIRST—CLASS CULTURAL RELICS

SECOND-CLASS CULTURAL RELICS

THIRD-CLASS CULTURAL RELICS

COMMON CULTRAL RELICS

壹级文物

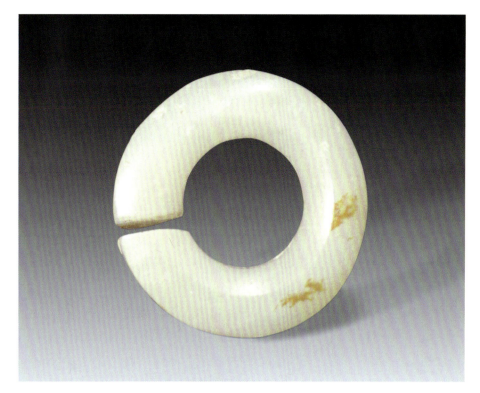

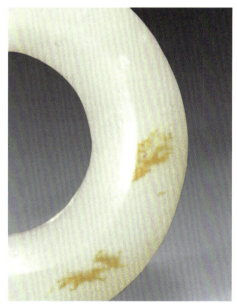

1　玉玦

新石器时代——兴隆洼文化（约公元前6000～前5000年）

外径3、内径1.3、厚0.5～0.6厘米

1992年内蒙古敖汉旗宝国吐乡兴隆洼117号墓出土

中国社会科学院考古研究所藏

白色。通体磨光，外缘较厚，内缘较薄。是中国北方地区迄今所知年代最早的玉器，这件玉玦的出土把我国用玉琢磨佩饰的年代，上推到距今8000年的新石器时代早期。玉玦制作古朴，是考古发掘品中的典型代表，具有特别重要的历史、艺术价值，定为国家馆藏壹级文物。

2 玉龙

新石器时代——红山文化（约公元前3500年）

高26、通鬣长21厘米

1971年内蒙古翁牛特旗三星他拉(现名为赛沁塔拉)村采集

中国国家博物馆藏

青色，有浅黄色斑。龙身蜷曲刚劲，颈后长鬣飘拂。系一整块料圆雕而成，加工精致，形神兼备，是一件蜚声国内外的史前艺术杰作。龙自古以来被认为是鳞虫之长，也是中国古代文化中最受尊崇的神灵。河南濮阳和辽宁阜新查海相继发现距今七八千年，用蚌壳堆塑的龙和龙形堆石。但作为玉龙，三星他拉发现的较早，是后世中华龙造型的鼻祖。这件玉龙不但形体最大，制作最精，而且保存完好，具有特别重要的历史、艺术价值，定为国家馆藏壹级文物。

3　玉兽形玦

新石器时代——红山文化(约公元前3500年)
高15、最宽10.2、厚3.8厘米
辽宁省建平县采集
辽宁省博物馆藏

青色,有红褐斑点。兽形玦以往多有发现,以前常被认为是商周时代的玉器,直到1984年在建平牛河梁第二地点1号冢4号墓中发现后,才被确认为红山文化的典型器物。这件虽是采集品,但在已发现的二十余件兽形玦中形体最大,制作最精,保存最好,国内外知名度最高。通体浑厚圆润,线条匀称流畅,具有鲜明的文化属性,对探讨红山文化先民神灵崇拜,有着特别重要的历史、艺术价值,定为国家馆藏壹级文物。

4 玉箍形器

新石器时代——红山文化（约公元前3500年）

长18.6、斜口部最长10.7、厚0.3～0.7厘米

1984年辽宁省建平县牛河梁第二地点1号冢4号墓出土

辽宁省文物考古研究所藏

浅绿色，有褐色绺裂。 整体呈筒状马蹄形，底部有对钻的小孔，口有伤残。这件是1984年第一次考古发掘所得，与玉兽形玦同时出土。玉箍形器是红山文化有代表性的器物，对探讨红山文化先民的用玉习俗，具有特别重要的历史、艺术价值，定为国家馆藏壹级文物。

5 玉勾云形器

新石器时代——红山文化（约公元前3500年）

长20.9、宽12.9、厚0.9厘米

1987年辽宁省建平县牛河梁第五地点1号冢1号墓出土

辽宁省文物考古研究所藏

青绿色。略呈板状长方形，器角向外作卷云状，器表琢出沟状浅槽，中心透穿成漩涡状，背面有横竖各两对隧孔。出土时竖置于死者胸部，背面朝上。此勾云形器，形体硕大厚重，保存完好，琢制精良，发掘层位未经扰乱，具有特别重要的历史、艺术价值，定为国家馆藏壹级文物。

6　玉兽面纹多齿佩

新石器时代——红山文化（约公元前 3500 年）

长 28.6、宽 9.5 厘米

1995 年辽宁省建平县牛河梁第二地点 1 号冢 27 号墓出土

辽宁省文物考古研究所藏

墨绿色，有浅黄色斑，半透明。玉佩呈抹角长方形，中部琢出眼眉和 5 枚门齿，两边各有 1 枚硕大内勾的犬齿。器表顺势磨出红山文化玉器特有的沟状浅槽。琢制精细，磨制光润。兽面纹多齿佩是红山文化玉器中最重要的器类之一。此佩也是目前所见最大的一件，又是考古发掘品，解决了传世品中一系列多齿佩的文化属性，具有特别重要的历史、艺术价值，定为国家馆藏壹级文物。

7　玉猪首三孔器

新石器时代——红山文化（约公元前 3500 年）

长 9.2、高 2.8、圆孔径 1.9 厘米

1979 年辽宁省凌源县三官甸子城子山采集

辽宁省博物馆藏

青白色。器两端琢刻猪首，中间有 3 个相联的圆孔，孔径手指可穿入，器底还有四个漏斗形小穿孔。造型奇特，乃红山文化特有的玉器，具有特别重要的历史、艺术价值，定为国家馆藏壹级文物。

8 玉龟

新石器时代——红山文化（约公元前3500年）

背甲长5.3、宽4.1、通高2.7厘米

1989年辽宁省建平县牛河梁第二地点1号冢21号墓出土

辽宁省文物考古研究所藏

淡绿色。龟壳与龟腹之间切割楔形槽。用阴线表现出匀称清晰的龟背纹，龟的头尾收缩进体内，无足，形象逼真。这件玉龟玉质莹润，设计独特，碾琢精湛，具有特别重要的历史、艺术价值，定为国家馆藏壹级文物。

9　玉鳖

新石器时代——红山文化（约公元前3500年）

左长9.4、宽8.5、厚2厘米，右长9、宽7、厚1.9厘米

1987年辽宁省建平县牛河梁第五地点1号冢1号墓出土

辽宁省文物考古研究所藏

黄绿色，半透明。头颈探出，作匍匐状，形象逼真。这对玉鳖本身没有供佩戴的穿孔，出土于死者左右手部位，当是迄今所知葬玉中最早的握玉。玉鳖出土于等级最高的中心大墓，具有特别重要的历史、艺术价值，1对按1件计，定为国家馆藏壹级文物。

10 **玉兽面丫形器**

新石器时代——红山文化（约公元前 3500 年）

长 12.4、宽 4.1、厚 0.2 厘米

辽宁省文物商店征集

辽宁省博物馆藏

浅黄色，局部有褐斑。造型简练古朴。头部凸出环形双眼和高耸的双耳，眼下有一对细小的鼻孔，扁形阔嘴。下部为身躯，碾有 15 道棱，末端有孔。此件在同类器物中属于佼佼者，具有特别重要的历史、艺术价值，定为国家馆藏壹级文物。

11 **玉鸟形玦**

新石器时代——红山文化（约公元前 3500 年）

高 5.5、宽 5、厚 1.1 厘米

1981 年内蒙古巴林右旗那日斯台遗址采集

内蒙古巴林右旗博物馆藏

青色，巴林石。此玦像一只鸟，用减地方法表现重环大眼，大嘴尖喙，翅膀和身躯作了简化处理。颈后有一穿孔。在红山文化动物形玉石雕中，琢成这种造型的玦，目前所见不多，为探讨红山文化先民神灵崇拜提供了实例，具有特别重要的历史、艺术价值，定为国家馆藏壹级文物。

12 玉锥形器

新石器时代（约公元前 4000～前 2000 年）

长 35.5、宽 1.2～1.5、厚 1.1～1.3 厘米

1987 年江苏省新沂县花厅 18 号墓出土

南京博物院藏

淡绿色，有褐斑。整体琢磨成长条形方柱体，顶端方尖，后端有圆柱形榫，并配有玉质套管，近榫部琢阴线带冠人面纹。玉锥形器由于形制大小、纹饰繁简的不同，殉葬时放置位置也不相同，反映其功能也不一样。这件形体较大，制作精湛，其上又有神像纹饰，具有特定的内涵。此器出土于大汶口文化区，具有特别重要的历史、艺术价值，定为国家馆藏壹级文物。

13 玉头饰

新石器时代——龙山文化（约公元前 2500～前 2000 年）

通高 23、柄长 18.5 厘米

1989 年山东省临朐县朱封村 202 号墓出土

中国社会科学院考古研究所藏

全器由首和柄两部分组成。首部乳白色，形状如玉佩，镂空成夔龙形的卷云纹，并嵌绿松石。主题纹饰似为头戴冠状纹饰的神灵形象。柄部用青灰色玉制作，呈圆锥体，琢竹节纹。此头饰是龙山文化中技艺高超的作品，由于其出土层位清楚，时代明确，对于研究同类玉器年代、类型、谱系、文化属性和分布区域，提供了可贵的对比资料，具有特别重要的历史、艺术价值，定为国家馆藏壹级文物。

14 玉钺

新石器时代——大汶口文化（约公元前 4300～前 2500 年）

长 19、厚 0.7 厘米

1959 年山东省宁阳县大汶口文化遗址 10 号墓出土

中国国家博物馆藏

　　墨绿色，有赭斑。体扁平，两面薄刃，上部有对钻的圆孔。通体莹润，碾琢精湛，是大汶口文化遗址的重要发掘品。拥有这件玉钺的墓主人为女性，随葬玉器、陶器等 170 件，身份非同一般。这件玉钺当是这位女性首领的象征物，具有特别重要的历史、艺术价值，定为国家馆藏壹级文物。

15 玉兽面纹圭

新石器时代——龙山文化（约公元前2500～前2000年）

长17.8、刃宽4.9、厚0.75厘米

1963年山东省日照县两城镇遗址采集

山东省博物馆藏

黄绿色，局部有白色斑和乳白色沁蚀。体呈扁平长方形，单面刃。近底部两面都用单阴线碾琢两个稍有不同的神兽面纹。其中之一的冠顶与山东朱封所出玉冠饰有相似之处。此玉圭虽中间断裂，但在龙山文化中是唯一一件有确切出土地点的玉圭，为判断传世品中带有这种神徽纹样的玉器的真伪、文化属性提供了科学依据，具有特别重要的历史、艺术价值，定为国家馆藏壹级文物。

16 玉三牙多齿璧

新石器时代——龙山文化（约公元前 2500～前 2000 年）

径 8 厘米

1978 年山东省滕县里庄出土

山东省滕州市博物馆藏

青灰色。体扁平。外缘由 3 个形状相同、向一个方向旋转的牙及附加 3 组锯齿组成。此件出土时虽已断裂，但是出土地点明确，是此类三牙多齿璧的典型代表，具有特别重要的历史、艺术和研究价值，定为国家馆藏壹级文物。

17 玉镂空龙形饰

新石器时代——石家河文化（约公元前2500～前2000年）

长9.1、宽5.1厘米

1991年湖南省澧县孙家岗14号墓出土

湖南省文物考古研究所藏

玉质受沁呈乳白色。整体片状，镂空成花纹。龙的头顶高耸似角状装饰，身卷曲。尾似凤尾。新石器时代晚期镂空龙凤工艺，是商周时期龙凤形佩广泛应用的先例。具有特别重要的历史、艺术价值，定为国家馆藏壹级文物。

18　玉人头像

　　新石器时代——龙山文化（约公元前2500～前2000年）

　　高4.5厘米

　　1975年陕西省神木县石峁遗址采集

　　陕西省历史博物馆藏

　　青色。体扁平。作侧面人头形象。碾琢手法古拙，五官用阴线表现，大眼尤为突出。腮上有一圆孔。总体比例虽然不够精确，但形象传神，表现出憨态可掬的神情，这件人头像是迄今所知最早的侧面人头像之一，在美术史上占有一定位置，具有特别重要的历史、艺术价值，定为国家馆藏壹级文物。

19　玉神像

　　新石器时代——石家河文化（约公元前2500～前2000年）

　　高3.7厘米

　　1988年湖北省天门市石河镇肖家屋脊6号瓮棺墓出土

　　湖北省荆州博物馆藏

　　青色。头戴平顶宽沿冠饰，梭形眼，蒜头鼻，两耳各戴一耳环。耳上方有弯角形装饰，嘴边两侧獠牙上出，显然是兽面与人面器官的复合体。采用压地方法碾琢，造型奇特。新石器时代玉雕人(神)像发现不多，此件是考古发掘品，为探求石家河文化先民的神灵崇拜以及对这类传世品溯源和断代，提供了对比的标准器，具有特别重要的历史、艺术价值，定为国家馆藏壹级文物。

20 玉人像

新石器时代——江淮地区原始文化(约公元前4000～前2500年)

高9.6、宽2.2、厚0.8厘米

1987年安徽省含山县长岗乡凌家滩1号墓出土

故宫博物院藏

灰白色。立姿。方脸,长耳,粗眉大眼,阔口。头戴圆冠,上面装饰方格纹。两臂弯曲向上,十指张开,置于胸前,玉人身上琢出臂环和腰带。新石器时代立姿玉人像在此前后发现了6件,但多残破,此件堪称精品,为研究我国原始社会人的形象及服饰提供了难得的资料,具有特别重要的历史、艺术价值,定为国家馆藏壹级文物。

21 玉琮

新石器时代——良渚文化（约公元前3300~前2200年）

高7.2、射径8.3~8.6厘米

1982年江苏省武进县寺墩4号墓出土

南京博物院藏

乳白色，略带绿和赭红色斑。扁方柱体，为上下两节。上节用阴线装饰繁缛的带冠人面纹，下节装饰相同风格的兽面纹，又以细密匀称的云纹、弧线、直线组成曲尺形纹饰带相互缠绕，线条细密，刻画入微。在寺墩4号墓所出众多的玉琮中，是造型、纹饰较为精美的一件，具有特别重要的历史、艺术价值，定为国家馆藏壹级文物。

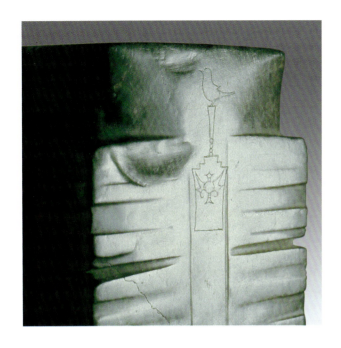

22 玉立鸟纹琮

新石器时代——良渚文化（约公元前 3300～前 2200 年）

高 38.2 厘米

1984 年征集

首都博物馆藏

青褐色。体呈长柱形，外方内圆，细分为15节，每节以
四角边棱为中线，两侧琢出两个圆眼，组成神人兽面纹。玉
琮上方射与琮体结合部，有一用阴线琢出立在四级台座的鸟
纹，目前所见带图符的玉琮保存不多，具有特别重要的历史、
艺术价值，定为国家馆藏壹级文物。

23 玉带图符璧

新石器时代——良渚文化（约公元前 3300～前 2200 年）

直径 26.2、孔径 4.2、厚 1.2 厘米

1989 年浙江省余杭市安溪乡出土

浙江省博物馆藏

青灰色，杂有黄褐色斑。整器呈扁平圆形，器表光素平整，在肉的近内缘处有两图形符号。其一似怪鸟形，并框以三级台座；另一似玉璋形，内涵深奥。我国良渚文化遗址历年发现玉璧甚多，但其中用阴线琢磨出图形符号的极少，此件是近年发现的，并有明确的出土地点，具有特别重要的历史、艺术价值，定为国家馆藏壹级文物。

24 玉神人兽面纹钺

新石器时代——良渚文化（约公元前3300～前2200年）

通长17.9、上宽14.4、刃宽16.8、厚0.8厘米

1986年浙江省余杭县长命乡雉山村反山12号墓出土

浙江省文物考古研究所藏

浅青色，局部有褐斑。体宽阔扁平，器表光洁闪亮，弧形双面刃，右侧有孔。近上刃角处用减地和细阴线的手法，琢成神人兽面图像，其下为鸟纹，纹饰精细。与"琮王"上的神人兽面十分类似，代表良渚文化玉器工艺制作的最高水准。为近年考古发掘中所仅见，具有特别重要的历史、艺术价值，定为国家馆藏壹级文物。

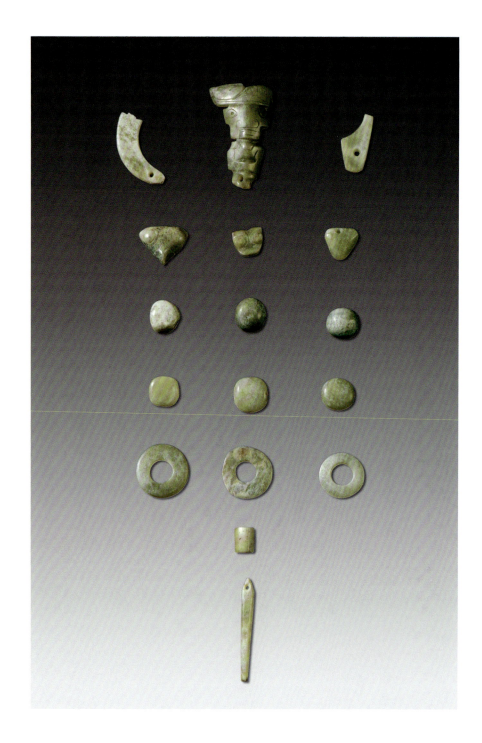

25　玉串饰

新石器时代——良渚文化（约公元前3300～前2200年）早期

其中人像高4.6、宽1.2～3厘米

1989年江苏省高淳县朝墩头遗址12号墓出土

南京博物院藏

串饰由玉人像、玉兽面、玉鸟首、玉珠、玉环、玉管、玉坠等17件组成，出土时置于男性头骨之下，玉饰件背有隧状穿孔。其中玉人像头大身小，戴高冠。系用压地方法琢出人体各部分轮廓，用阴线表现细部，虽比例失调，但对研究新石器时代不同风格人像仍有借鉴意义。出土地点属古芜湖地区，与宁镇原始文化区毗连，这一地区良渚文化早期玉人像很少出土，具有特别重要的历史、艺术价值，全套按1件计，定为国家馆藏壹级文物。

26　玉四龙首镯

新石器时代——良渚文化（约公元前3300～前2200年）

外径8.2、内径6、宽2.6厘米

1987年浙江省余杭县安溪乡下溪湾村瑶山墓地出土

浙江省文物考古研究所藏

浅黄色。镯体作宽扁的环状，外壁以减地和琢细阴线的手法，等距离琢出4个相同的龙首。良渚文化玉器主题纹饰以神人兽面纹为多，此镯上的龙纹与神人兽面纹有别，仅在少量的玉镯、玉璜、玉圆牌上见到。具有特别重要的历史、艺术价值，定为国家馆藏壹级文物。

27　玉冠形梳背

新石器时代——良渚文化（约公元前3300～前2200年）

通高3.9、上宽6.8、下宽6.2、厚0.3厘米

1986年浙江省余杭县长命乡雉山村反山墓地出土

浙江省文物考古研究所藏

浅黄色，有茶色斑。整体呈倒梯形。全器以镂空和阴线相结合的手法，在正反两面中间部位，琢成羽冠神人图像，周围有类似蟠螭的细密纹饰，纹饰寓意神奇。梳背多出土于墓主人的头部附近，是良渚文化玉器系统中特有的形态。1999年浙江海盐周家浜良渚文化遗址出土了六齿象牙梳的玉背，进一步为这类玉器的用途提供了证据。此件花纹精细，繁而不乱，在近年发掘的同类型玉制品中属上乘作品，具有特别重要的历史、艺术价值，定为国家馆藏壹级文物。

28 玉三叉形器

新石器时代——良渚文化（约公元前3300～前2200年）

通高3.65、宽5.9厘米

1986年浙江省余杭县长命乡雄山村反山墓地出土

浙江省文物考古研究所藏

乳白色。下端圆弧，上端分为三叉，三叉上都有上下贯通的小孔。出土时多在死者头部，应为冠帽上的饰件。三叉形器正面及背面的3个凸块上，均有阴线细琢繁缛的兽面纹饰，阴线的底槽毛糙，为良渚玉器特有的工艺特征。具有特别重要的历史、艺术价值，定为国家馆藏壹级文物。

30 玉琮

新石器时代——中原龙山文化陶寺类型(约公元前2500～前1900年)

外径7.5、内径6.2、高2.7厘米

1978～1983年山西省襄汾县陶寺遗址1267号墓出土

中国社会科学院考古研究所藏

青白色,有褐色斑和土沁。整体近圆形,器壁用竖槽和横条纹隔成8个区间,无射。其形制与良渚文化玉琮形制有较大的差别,是探求新石器时代玉琮向夏代玉琮过渡的典型代表,又系考古发掘品,具有特别重要的历史、艺术价值,定为国家馆藏壹级文物。

29 玉圭

夏(约公元前2100～前1600年)

长17.4、宽4.4、厚0.6～0.8厘米

1980年河南省偃师二里头遗址三区2号墓出土

中国社会科学院考古研究所藏

牙黄色,有绿色附着物。扁平长条形,首部有两个圆穿,穿间有阴线琢出的菱格纹带状装饰,一端有安柄留下的痕迹。这件玉圭虽然纹饰简单,但有出土地层依据,可作为夏代玉圭断代标尺。从安柄痕迹也可判断,此时期玉圭在礼仪活动中当横向放置,与后世玉圭使用方法不同。具有特别重要的历史、艺术价值,定为国家馆藏壹级文物。

31 玉钺

夏（约公元前2100～前1600年）

长10.8、刃宽10、厚0.6厘米

1975年河南省偃师二里头遗址5号坑出土

中国社会科学院考古研究所藏

青色，有绺裂。整体呈不规则的环形，背部弧圆。两侧各琢出6个凸齿，形成扉棱。中部钻一大孔，双面磨出钺刃，钺刃折弧，形成四段，造型新颖别致。钺原本是一种兵器，后逐渐演变成礼器。此件为夏代遗址中出土，具有特别重要的历史、艺术价值，定为国家馆藏壹级文物。

32　玉七孔刀

夏（约公元前2100～前1600年）

长65、宽9.5、厚0.1～0.4厘米

1975年河南省偃师二里头村采集

河南省偃师县文化馆藏

湖绿色，上有紫色斑。体扁平而修长，近梯形，两端用阴线组琢竖平行线和菱格纹。刀身近背处有7个等距圆孔，两端有对称的脊牙。制作如此硕大修长而且轻薄的玉刀，其工艺难度颇大，证明夏代玉器工艺已有长足的进步。此玉刀非实用工具，而是一种礼仪用器，具有特别重要的历史、艺术价值，定为国家馆藏壹级文物。

33 玉戈

商（约公元前16～前11世纪）

长93、最宽13.5厘米

1974年湖北省黄陂盘龙城2号墓出土

湖北省博物馆藏

灰白色，局部有黄斑。援作长条形，中脊凸起，琢出上下刃，有上下阑。通体磨制光润，加工精细。此玉戈是商代玉戈中形体最大的一件，非实用兵器，是为商代礼仪用玉最著名的例证。器身虽无纹饰，但琢成有脊线的薄体和锋利的边刃，在开料、切割、琢磨、抛光等工艺技术上都达到了很高水平。具有特别重要的历史、艺术价值，定为国家馆藏壹级文物。

34 玉兽面纹斧

商晚期（约公元前14～前11世纪）

长10、厚2.6厘米

1976年河南省安阳市殷墟妇好墓出土

中国社会科学院考古研究所藏

深绿色。长方扁圆体。内如宽榫，与斧身相交处钻一圆孔，横向安柄，斧身上段用压地方法琢出兽面纹，卷角"臣"字眼，下部两面磨成斧刃，无使用痕迹。如此精美的玉斧非常罕见，应是商王室仪仗用器，具有特别重要的历史、艺术价值，定为国家馆藏壹级文物。

35 玉璋

商晚期（约公元前14～前11世纪）

通长54.5、射宽8.8、柄宽6.8厘米

1986年四川省广汉市三星堆遗址2号祭祀坑出土

四川省文物考古研究所藏

含石性，因被火烧过，大部分为黑色。无阑无齿，似戈而无锋，内窄于援。在援内相交部位两面用阴线琢祭山图，在山峦之上，有云气纹及两组人物祭山的场面，二组人物的服饰、冠帽、身姿不同，有的跪姿，有的站立。此器为考古发掘品，极为罕见，对研究古蜀国的宗教、礼仪、人体装饰，以及璋的使用都有学术意义，具有特别重要的历史、艺术价值，定为国家馆藏壹级文物。

36　玉兽面纹簋

商晚期（约公元前14～前11世纪）

高10.8、口径16.8、壁厚0.6厘米

1976年河南省安阳市殷墟妇好墓出土

中国社会科学院考古研究所藏

青灰色，有黄褐色斑。仿青铜礼器制成，腹的中部碾琢精美的兽面纹，上下夹饰阴线菱形纹、三角纹各一周，圈足上用阴线碾琢云纹和目纹。全器造型端庄，纹饰精细，且由整块玉料挖空而成，其制作难度比片状更大。商代玉簋遗存稀少，此簋出自妇好墓，可知是商王室的专用器皿，极为珍贵，具有特别重要的历史、艺术价值，定为国家馆藏壹级文物。

37　玉蟠龙

商晚期（约公元前14～前11世纪）

长8.1、高5.6厘米

1976年河南省安阳市殷墟妇好墓出土

中国社会科学院考古研究所藏

褐绿色，有黄斑。圆雕。头硕大而成方形，蘑菇形角，张口露齿，圆眼外凸。龙身琢出脊棱，短足四爪，尾卷曲到右侧。身和尾均饰商代流行的菱格纹和三角纹。蟠龙形态古拙，又是在商墓中首次出土，具有特别重要的历史、艺术价值，定为国家馆藏壹级文物。

38　玉腰佩宽柄器人像

商晚期（约公元前14～前11世纪）

高7厘米

1976年河南省安阳市殷墟妇好墓出土

中国社会科学院考古研究所藏

黄褐色。圆雕。呈坐姿女性形象，双手抚膝，头上戴圆箍形冠，身着豪华的服饰，腰间左方佩带一宽柄形器，器的上端碾琢成卷云形。此人像神态庄重，造型独特，在某种程度上再现了商贵族的服饰、姿态及生活习俗，具有特别重要的历史、艺术价值，定为国家馆藏壹级文物。

39　玉虎

商晚期（约公元前 14～前 11 世纪）

高 3.5、长 14.1 厘米

1976 年河南省安阳市殷墟妇好墓出土

中国社会科学院考古研究所藏

青色。圆雕。方头前探，张口露齿，卷尾，碾琢成匍匐欲跃状，形象生动。虎身装饰阴线勾连云纹，工艺娴熟流畅，具有很高的艺术水准。玉虎以往所见多为片状，商代圆雕的玉虎，妇好墓出土者为首例。此件无孔眼和榫，可能是商王室的陈设品，具有特别重要的历史、艺术价值，定为国家馆藏壹级文物。

40　玉龙形玦

商晚期（约公元前14～前11世纪）

直径4.6、厚0.6厘米

天津市艺术博物馆藏

青色，体扁平，上有涂朱痕迹。呈团龙形象，首尾相近。龙首张口露齿，"臣"字形目，蘑菇形角，脊背雕成扉棱，身和尾均用阴线琢出双勾云纹。这件玉玦构思奇巧，镂空与双勾技法运用自如，线条娴熟流畅，具有特别重要的历史、艺术价值，定为国家馆藏壹级文物。

41　玉鸟纹琮

西周（约公元前11世纪～前771年）

长5.5、宽4.3、孔径3.3厘米

1985年陕西省长安县张家坡西周墓地出土

中国社会科学院考古研究所藏

黄绿色，外方内圆，射较高。琮身四周用勾撤法碾琢醒目的阴线鸟纹，鸟立姿，圆眼钩喙，垂冠长尾，有涂朱痕迹。鸟纹的特点与西周铜器上的鸟纹风格一致。各地西周墓所出的玉琮一般都无纹饰，带鸟纹的玉琮仅此一件。其时代风格明显，是断代的标准器，同时对探求玉琮的演变过程有重要意义，具有特别重要的历史、艺术价值，定为国家馆藏壹级文物。

42　玉人首怪兽纹戈

西周（约公元前 11 世纪～前 771 年）

通长 36.2、宽 6、厚 0.6 厘米

1993 年山西省曲沃县天马—曲村晋侯墓地 63 号墓出土

山西省考古研究所藏

黄褐色，半透明。长援起脊，三角形锋，内较宽，呈斜方形。近阑处上有一穿，两边设 3 组宽齿。在内和援的结合部，用双钩隐起阳线技法琢出人首怪兽纹。"臣"字形目，圆鼻头下有獠牙，须发细如蛛丝，手指和足趾琢成猛兽利爪，并以尾支地作蹲踞状。制作精良，通体抛光。乃晋侯邦父次夫人杨姞墓所出，是认识晋国玉器面貌的直观资料，具有特别重要的历史、艺术价值，定为国家馆藏壹级文物。

43 玉四珩四璜佩

西周（约公元前11世纪～前771年）

其中珩最长者7.6、璜最长者9.2厘米

1994年山西省曲沃县天马—曲村晋侯墓地92号墓出土

山西省考古研究所藏

浅黄色。由4件玉珩、4件玉璜、4件玉圭和玉片、玉贝、玉珠、玉管、玛瑙管、松石管、料珠管串联组成，出土于墓主人胸腹部，过颈佩戴。8件珩璜除2件素面外，其余都琢回首龙纹，有的头向相反，有的头向相对，龙尾缠绕。此组玉佩，结构复杂，制作豪华，显示了西周诸侯在服饰、取材、设计及工艺上的特点，同时印证了金文中赏赐命服时连带赏赐杂佩的记载。这种玉佩为杂佩的一种，具有特别重要的历史、艺术价值，按1件计，定为国家馆藏壹级文物。

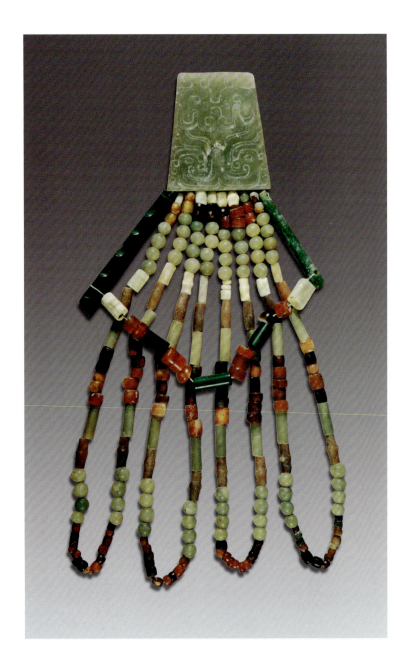

44 玉联珠佩饰

西周（约公元前11世纪~前771年）

通长35.5、宽9厘米

河南省平顶山应国墓地出土

河南博物院藏

浅黄色。全组佩饰由玉牌，柄形饰，玉棒和玉、玛瑙珠连缀而成。上部为一琢有四龙首纹梯形玉牌，其下连柄形器，玉棒，玉、玛瑙珠、管组成四列联珠串饰。出土时，置于墓主人的胸部，保持了原有组合关系。此类联珠佩饰，陕西岐山、山西曲沃也曾出土。虽然也是杂佩，但与多璜佩有所区别，应是佩戴者的地位不同，或用于不同的场合，当是研究西周组玉佩的宝贵实证，具有特别重要的历史、艺术价值，定为国家馆藏壹级文物。

45 玉嵌青铜兽面戈

西周（约公元前11世纪~前771年）

长23.5厘米

1992年河北省邢台市南小汪出土

河北省邢台市文物管理处藏

淡黄色，有褐色沁斑。戈援狭长，脊棱明显，有上、下阑，直内，内上有一圆孔，制作规整。阑脊交会处嵌青铜兽面。这件玉戈是商周常见的铜玉复合式兵器，但用青铜兽面做玉戈嵌饰，风格独特，具有特别重要的历史、艺术价值，定为国家馆藏壹级文物。

46　玉鸟纹刀

西周（约公元前11世纪～前771年）

长13.6、宽3.8厘米

1980年山东省济阳县刘台子征集

山东省德州市文化局藏

青绿色，微透明，稍有斑绺，莹润光洁。整体呈扁平长方形，顶和两侧琢出对称的扉牙，下端斜磨成刃。正反面皆以双勾线琢成立鸟纹。鸟钩喙，长尾，羽翅上扬。做工精细，线条流畅，具有特别重要的历史、艺术价值，定为国家馆藏壹级文物。

47　玉夔冠鹰

西周（约公元前11世纪～前771年）

长10.3、宽4.3、厚2.2厘米

1993年山西省曲沃县天马—曲村晋侯墓地63号墓出土

山西省考古研究所藏

青绿色，局部有褐斑。圆雕。鹰甚雄健，立姿，钩喙，胸外凸，展翅，尾上翘，爪下端有榫。头上有夔龙冠饰，夔龙头向下，张口。蘑菇形双耳，弓身卷尾。妇好墓曾出土玉夔冠鹦鹉，但系片雕。此件夔和鹰造型奇妙，富有动感，通体琢双勾阳线并配以阴线，线条娴熟流畅，为近年新发现的西周玉雕杰作，具有特别重要的历史、艺术价值，定为国家馆藏壹级文物。

48　玉龙佩

西周（约公元前 11 世纪～前 771 年）

最大径 6.5、厚 0.7 厘米

1983 年陕西省长安县张家坡 60 号墓出土

中国社会科学院考古研究所藏

碧绿色，质地纯净。扁平体浮雕，龙身卷曲，首尾相对，呈"C"状，以双勾线琢出"臣"字形目和龙身上的鳞片纹。做工精湛，线条流畅，其造型是殷墟妇好墓玉龙佩的延续，也是西周玉龙佩断代的标准器。具有特别重要的历史、艺术价值，定为国家馆藏壹级文物。

49　玉鹿

西周（约公元前 11 世纪～前 771 年）

高 9 厘米

1974 年陕西省宝鸡市茹家庄 1 号墓出土

陕西省宝鸡市博物馆藏

青色，受沁后呈灰绿色。整体呈片状，鹿头昂起，鹿角高耸，枝丫分明。鹿身四肢匀称。虽无过多纹饰，但以写实手法表现了鹿的驻足和惊愕神态，生动传神，是西周时期成功的造型艺术品。具有特别重要的历史、艺术价值，定为国家馆藏壹级文物。

50 玉牛牲

西周（约公元前11世纪～前771年）

长7、宽2.2、高4厘米

1993年山西省曲沃县天马—曲村晋侯墓地63号墓出土

山西省考古研究所藏

墨绿色。圆雕。牛四肢分别向前后叉开，作半卧姿态，四肢与一平板相连，颈下支撑一丫形物，再现了当时以牲畜祭祀的情景，对研究西周祭祀用牲制度有直接意义，具有特别重要的历史、艺术价值，定为国家馆藏壹级文物。

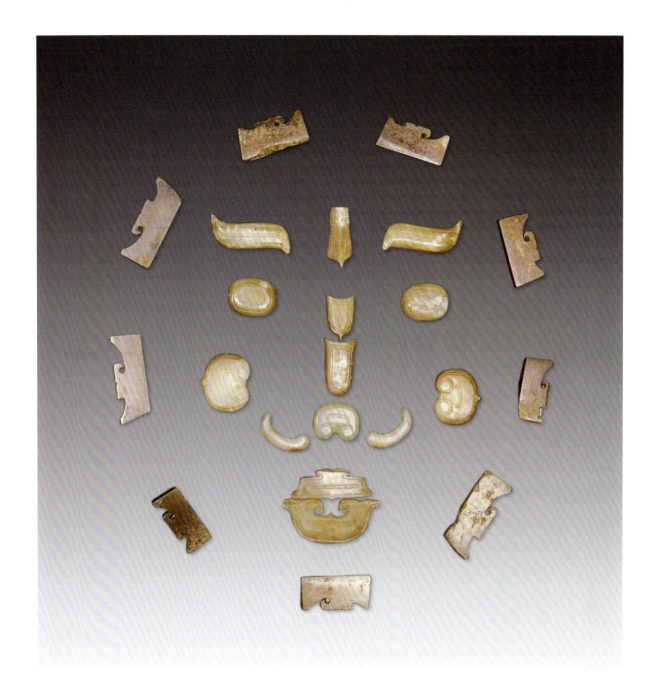

51 缀玉覆面

西周晚期（约公元前878～前771年）

1994年山西省曲沃县天马—曲村晋侯墓地92号墓出土

山西省考古研究所藏

　　由23块形状不同的玉片缀在布帛类织物上组成，织物已朽，仅存玉片。其中9块带扉牙的玉片围成一周，中间由眉、眼、额、鼻、嘴、髭共14件象形的玉片拼成一幅人面状图形，出土时紧贴在墓主人脸部，为文献上所说的"瞑目"。河南省三门峡市西周虢国贵族墓也出土过类似的缀玉覆面，同是早期的殓葬玉，开启了玉匣（玉衣）随葬之风。具有特别重要的历史、艺术价值，按1件计，定为国家馆藏壹级文物。

52 玉蟠虺纹环

春秋（公元前 770～前 476 年）

直径 11.6、厚 0.2～0.3 厘米

1983 年河南省光山县宝相寺黄君孟墓出土

河南博物院藏

青色，有黑色沁斑。体扁平。一面光素，一面碾琢双勾蟠虺纹。出土地点和属主清楚，年代可靠，是难得的鉴定标准器，也是春秋玉器中的佳作。具有特别重要的历史、艺术价值，定为国家馆藏壹级文物。

53 玉鹦鹉首拱形饰

春秋（公元前 770～前 476 年）

弧长 8.4、宽 3、厚 0.5 厘米

1986 年江苏省吴县严山窖藏出土

江苏省吴县文物保管委员会藏

淡绿色，半透明。其主体呈长方片状体，琢成拱形。两端镂琢对称的鹦鹉头，高冠，钩喙。器身碾琢出隐起的蟠虺纹、羽状纹，此种纹饰自春秋时期兴起，延续至战国早期，时代风格明显。此器造型奇特，纹饰优美，是难得的春秋吴国玉器珍品。具有特别重要的历史、艺术价值，定为国家馆藏壹级文物。

54 玉虎

春秋（公元前770～前476年）

长14.6、厚0.4厘米

1978年河南省淅川县下寺1号墓出土

河南省文物考古研究所藏

黄色，略有棕红色沁斑，半透明，玉质莹润。虎侧身伏卧，躯体卷曲，以剔地阳纹和阴刻线并用手法，琢出头、尾、耳、目和前后肢，此器造型优美，神态生动，形体硕大，保存完好，具有特别重要的历史、艺术价值，定为国家馆藏壹级文物。

55 玉人首蛇身饰

春秋（公元前770～前476年）

外径3.8、厚0.2厘米

1983年河南省光山县宝相寺黄君孟墓出土

河南省信阳地区文物保管委员会藏

青灰色，有褐斑。体扁平，呈侧面团身人首蛇身形象。人头较大，蛇身向背后卷曲。尾接于头顶。用阴线和隐起阳纹手法，琢出五官、头发和耳饰。这两件器物的面部略有区别，似一男一女，可能是传说中的伏羲和女娲形象，具有特别重要的历史、艺术价值，按1件（对）计，定为国家馆藏壹级文物。

56 玉蟠虺纹剑首、剑格

春秋（公元前770～前476年）

剑首高4.8、宽3.5、厚3.8厘米，剑格高1.2、宽3.6厘米

1972年江苏省六合县程桥2号墓出土

南京博物院藏

青色，质地温润。剑首略呈长方柱体，两侧各有三道凹槽，器表饰有蟠虺纹和卷云纹。剑格端面呈椭圆形，琢出卷云纹，正中有菱形孔。出土时青铜剑身纳入孔中。玉剑首、剑格是战国西汉盛行的剑饰。此两件剑饰早于战国，又为考古发掘品，当具有特别重要的历史、艺术价值，按1件（套）计，定为国家馆藏壹级文物。

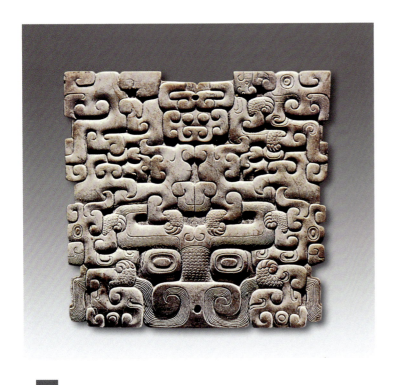

57 玉兽面纹牌

春秋（公元前770～前476年）

长7.1、宽7.5、厚0.2厘米

1978年河南省淅川县下寺1号墓出土

河南省文物考古研究所藏

玉受沁后呈鸡骨白色。扁平体，近似倒梯形，四边有对称的脊齿。正面下方中心部位，雕琢有隐起的兽面纹，十分醒目。其上和左右布满隐起的蟠虺纹，并夹鳞纹、绚索纹、勾云纹。花纹排列整齐有序，碾琢精细，为春秋玉器中的精品。具有特别重要的历史、艺术价值，定为国家馆藏壹级文物。

58 玉龙形佩

战国（公元前475～前221年）

长 11.4 厘米

1980年河南省淮阳县平粮台
42 号墓出土

河南省文物考古研究所藏

青色，泛黄，龙回首，身弓
起，尾部向前翻卷，蜿蜒曲折。龙
体边廓用隐起弦纹表现，弦纹间
布满谷纹，繁缛华丽。此两件玉
龙佩均衡对称，玉质莹润，动感
强烈。具有特别重要的历史、艺
术价值，按2件计，每件定为国
家馆藏壹级文物。

59 玉兽面纹琮

战国（公元前475～前221年）

高5、宽6厘米

1976年湖北省随县擂鼓墩曾侯乙墓出土

湖北省博物馆藏

青白色，半透明。有褐色纹斑和绺裂，边角稍残。器表四
面阴刻兽面纹，其间装饰有羽纹、卷云纹和网格纹。纹饰纤细，
时代风格鲜明，出土的战国时期带纹饰的玉琮不多。此玉琮属
主清楚，年代确切，保存完好，制作精细，是研究玉琮发展演
变的典型器物。具有特别重要的历史、艺术价值，定为国家馆
藏壹级文物。

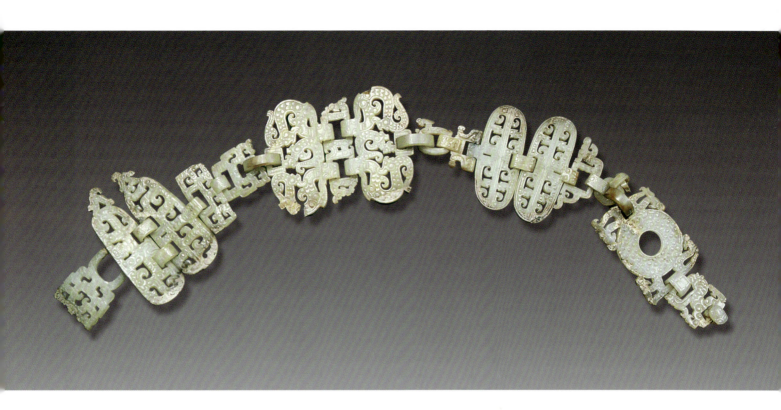

60 玉多节龙凤纹佩饰

战国（公元前475～前221年）

长48、宽8.3、厚0.5厘米

1978年湖北省随州市擂鼓墩曾侯乙墓出土

湖北省博物馆藏

青白色。长带形，主体由16节玉饰附加多个活环穿连而成。活环中有4个金属插榫，可以拆卸，可以卷折。各节主题纹饰为龙凤和兽面纹，间有弦纹、云纹、绹索纹。此多节玉饰集切割、阴线、隐起、镂空、抛光各种高难度技艺于一身，反映了战国时期王室制玉工艺的水平，具有特别重要的历史、艺术价值，定为国家馆藏壹级文物。

61 玉卧蚕纹高足杯

秦（公元前221～前207年）

高14.5、口径6.4、足径4.5厘米

1976年陕西省西安市西郊东张村秦阿房宫遗址出土

陕西省西安市文物局藏

　　和田青玉，质地优良，表面附着赤褐色沁。杯直口深腹，下有束腰高足。足底部碾琢成喇叭口状。杯外图案共四层：口为剔地涡卷带纹；身琢勾连卧蚕纹；高足上部有五组阴线"S"状交叉纹。碾琢尚精，完整无损。目前已知秦代高足杯仅此一件，可视为鉴定标准器，具有特别重要的历史、艺术价值，定为国家馆藏壹级文物。

62　玉跪式人像

战国（公元前 475～前 221 年）

通高 7.5 厘米

1987 年河南省洛阳市出土

河南省洛阳市文物工作队藏

　　青色。整体圆雕。人像为男性，跪姿，跣足。头缠圆髻。着连体衣裤，装饰方格纹、三角纹和条带纹，碾琢粗犷。战国圆雕玉人像发现不多，此人像出土于东周都城附近，是研究战国时期人体形态、服饰、发饰和祭祀风俗的形象资料。具有特别重要的历史、艺术价值，定为国家馆藏壹级文物。

63　玉"皇后之玺"

西汉（公元前 206～公元 25 年）

高 2 厘米，印面长、宽各 2.8 厘米

1968 年陕西省咸阳市韩家湾狼家沟出土

陕西省历史博物馆藏

　　和田白玉，微透明，光泽柔和。纽作盘螭状。印文为阴刻，篆书"皇后之玺"4 字。字体端正。是迄今出土的唯一一件西汉帝后玉玺，具有特别重要的历史、艺术价值，定为国家馆藏壹级文物。

64 玉活环盖圆盒

西汉·武帝初年（公元前137～前122年）

通高7.7、盖高3.55、盒身高4.35、口径9.8厘米

1983年广东省广州市象岗南越王赵昧墓出土

广东省广州市西汉南越王墓博物馆藏

和田青玉，表面有深浅不一的铁锈色沁。整器呈扁圆形，盖顶有一绚索纹活环，围绕环纽琢隐起八瓣柿蒂纹、勾连纹、隐起勾连涡纹与花蒂纹，钻有4孔。盖内中心琢阴线凤纹。盒身似碗形，直口圈足。纹饰为隐起阶梯状勾连纹及阴线绳纹。碾琢极精，原盖略损，已经修复。此器具有特别重要的历史、艺术价值，定为国家馆藏壹级文物。

65 玉角形杯

西汉·武帝初年（公元前137～前122年）

长18.4、口径5.8～6.7、壁厚0.2～0.3厘米

1983年广东省广州市象岗南越王赵昧墓出土

广东省广州市西汉南越王墓博物馆藏

和田优质白玉。杯呈角状，口斜侈。杯身修长，外琢蟠螭纹，阴线勾连涡纹衬地。碾琢精致，手法多样，造型别致，纹饰疏密适度，工艺水平很高，虽尖部略损，并不影响整体价值。具有特别重要的历史、艺术价值，定为国家馆藏壹级文物。

66 金缕玉衣

西汉·景帝前元三年至武帝元鼎四年（公元前154～前113年）

通长188、宽45厘米

1968年河北省满城县陵山刘胜墓出土

河北省博物馆藏

　　为中山靖王刘胜的殓具。青绿色。玉衣用2498片各种几何形的玉片和1100余克金丝编缀而成。可分为头罩、上衣、袖筒、手套、裤筒、鞋套等12部分，是首次发现的保存完整的玉衣，又是殓葬玉中最重要、等级最高的葬仪实物。在殓葬玉中的地位极为突出，具有特别重要的历史、艺术价值，定为国家馆藏壹级文物。

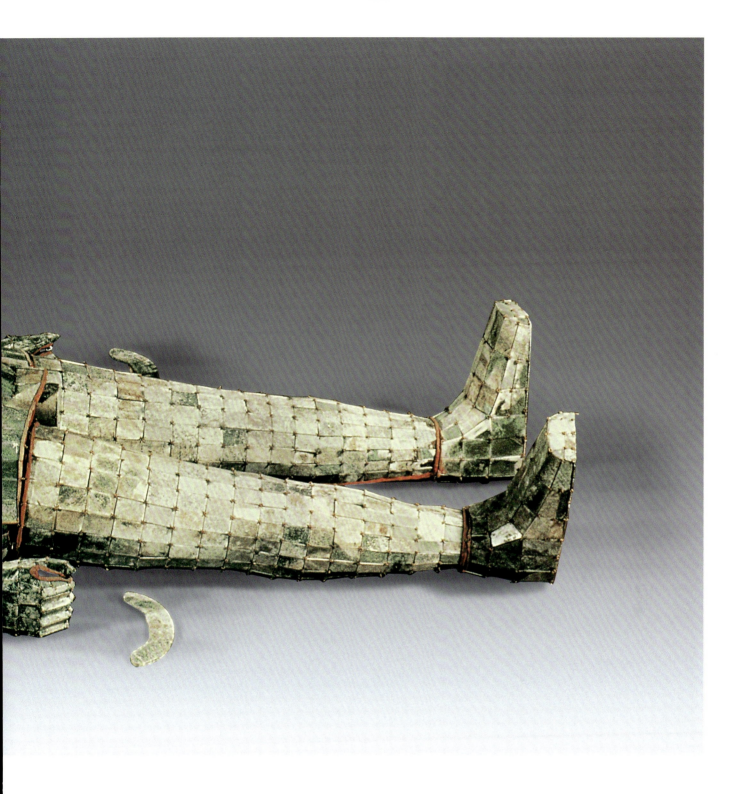

玉剑格

玉剑首

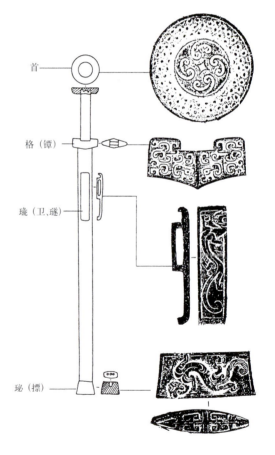

67 玉具剑饰件

西汉·景帝前元三年至武帝元鼎四年（公元前154～前113年）

玉剑首：直径5.7、高1.2厘米　玉剑格：宽5.2厘米

玉剑璏：长9.7、宽2.3厘米　玉剑珌：长3.8～5.9、宽6.7厘米

1968年河北省满城县陵山刘胜墓出土

河北省博物馆藏

　　此剑首、格、璏、珌是汉中山靖王刘胜生前佩用玉具铁剑饰，均为和田白玉，质地温润细腻。剑饰以压地蟠螭为主体图案，碾琢甚为精细。此套剑具玉质相同，组合完整，年代确切，对西汉玉具剑饰的历史及工艺研究有着特别重要的历史、艺术价值，此4件按1件（套）计，定为国家馆藏壹级文物。

玉剑璏

玉
剑
珌

68　玉龙虎并体带钩

　　西汉·武帝初年（公年前137～前122年）

　　长18.9、宽6.2、厚0.6、环径2.5厘米

　　1983年广东省广州市象岗南越王赵眜墓出土

　　广东省广州市西汉南越王墓博物馆藏

　　和田优质玉，青白色，微透明，温润晶莹，有褐斑数处。钩首琢成正视虎头形，钩尾琢侧视龙头，龙回首张口衔环瑗一侧，另一侧有龙爪抓持。龙虎二身均琢隐起勾连涡纹。碾工精美，应为南越王赵眜服饰所用玉器，其时代确切，是断代标准器，具有特别重要的历史、艺术价值，定为国家馆藏壹级文物。

69　玉仙人奔马

　　西汉（公元前206～公元25年）

　　高7、长8.9厘米

　　1966年陕西省咸阳市新庄汉元帝渭陵西北汉代遗址出土

　　陕西省咸阳市博物馆藏

　　优质和田白玉，光泽莹洁。整体玉雕作仙人骑马形象。马体硕壮，胸侧生翼，四蹄奔腾。仙人骑在马上，右手执灵芝二枝。玉质精良，碾琢精细，形象生动，具有特别重要的历史、艺术价值，定为国家馆藏壹级文物。

70　玉舞人

　　西汉·武帝初年（公元前137～前122年）之前

　　高3.5、宽3.5、厚1厘米

　　1983年广东省广州市象岗南越王赵眜墓出土

　　广东省广州市西汉南越王墓博物馆藏

　　表面已呈鸡骨白色。圆雕。舞人踑坐，长袖飘举，翩翩起舞。舞人头右后侧梳一螺髻，这件玉人对研究西汉时期南越国的服饰、舞蹈以及琢玉工艺，有特别重要的历史、艺术价值，定为国家馆藏壹级文物。

71 玉兽首双身龙纹璧

西汉·武帝初年（公元前137~前122年）
直径28.5、孔径9.6、厚0.5~0.7厘米
1983年广东省广州市象岗南越王赵眜墓出土
广东省广州市西汉南越王墓博物馆藏

和田碧玉，墨绿色，玉质细腻温润，上有一道绺。璧面以绹索纹分隔内外区，内区琢卧蚕纹（谷纹），外区琢四龙纹及四兽首纹，是西汉玉璧中的佼佼者，工艺精湛，艺术高超，具有特别重要的历史、艺术价值，定为国家馆藏壹级文物。

72 玉刚卯、严卯

东汉（公元25~220年）
长2.2厘米，宽、厚均1厘米
1972年安徽省亳州市凤凰台一号东汉墓出土
安徽省亳州市博物馆藏

和田白玉，质地优良，两件形制相同，均为长方体。中有纵穿孔，可穿系佩于腰间。一般为每面两行，每行4字，共32字。特殊的首面2行，每行5字，共34字。字体转折直硬，个别文字难以识别。全文内容为压胜之意，驱逐鬼魅。这种器物又称"佩双印"或"佩双玉"。传世品较多，此为考古发掘中首次发现，具有特别重要的历史、艺术价值，按2件计，每件定为国家馆藏壹级文物。

73 玉勾连卧蚕纹有盖卮

西汉（公元前206～前25年）

通高9.9厘米

1995年江苏省徐州市狮子山楚王陵出土

江苏省徐州市汉兵马俑博物馆藏

和田玉，细腻温润，微透明。表面青中泛黄，有色斑。盖纽琢凸起五瓣蒂形捉手，周围环立3枚柱状纽。器身呈筒形，上琢勾连卧蚕纹，下有三兽形足。此器对研究西汉初年用玉制度具有特别重要的历史、艺术价值，定为国家馆藏壹级文物。

74 玉镂空蟠螭纹璧

东汉·建武三十年至永元二年（公元54～90年）

宽19.9、厚0.7厘米

1959年河北省定州市北庄东汉中山简王刘焉墓出土

河北省博物馆藏

和田青玉，晶莹细腻，一面色近青白，另一面有绺。两面均琢碾谷纹，阴线细如游丝，飘逸遒
劲。璧上出扁方形廓，镂空琢出二螭相对纹饰。此璧出自东汉中山简王刘焉墓，其年代确切，可作
鉴定标准器。有特别重要的历史、艺术价值，定为国家馆藏壹级文物。

75 金扣玉盏

隋（公元581~618年）

高4.1、口径5.6、底径2.9厘米

1957年西安市李静训墓出土

中国国家博物馆藏

和田优质白玉，温润莹泽，微微透明，无瑕疵。盏圆口平沿，深腹，圆饼形底，口沿包金，是已知年代最早的金玉碗。碾琢工整，器形端庄，有准确年代，可作为鉴定标准器，有特别重要的历史、艺术价值，定为国家馆藏壹级文物。

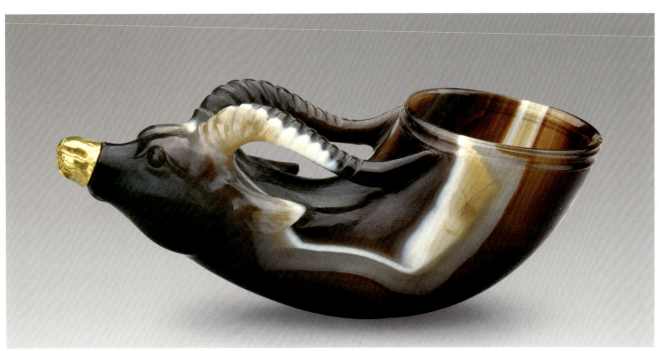

76 玛瑙羚羊首杯

唐（公元618~907年）

长15.5、口径5.9厘米

1970年陕西省西安市南郊何家村窖藏出土

陕西省历史博物馆藏

用红白玛瑙碾琢而成，杯作羚羊首形，圆口。羚羊昂首，双目注视前方，双角弯长，角尖抵于杯口。口鼻镶嵌金塞。堪称孤品。这种器物较早通行于波斯诸国，但多为金银制品。此羚羊首杯写实、简练，反映了唐代与波斯文化的交流，具有特别重要的历史、艺术价值，定为国家馆藏壹级文物。

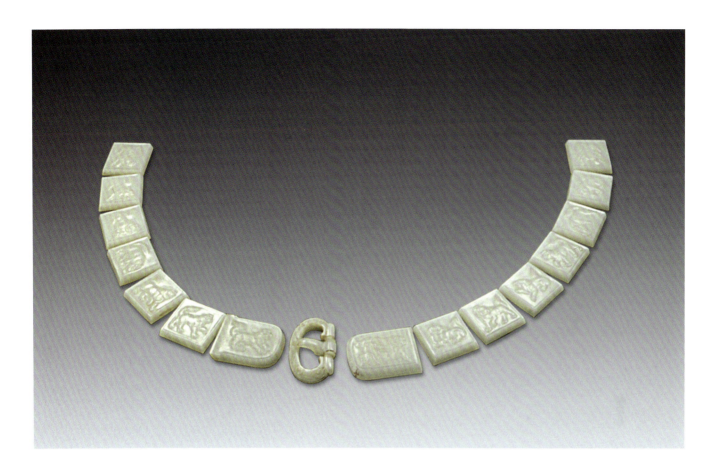

77 玉狮纹带銙

唐（公元618～907年）

长3.5、宽5厘米

1970年陕西省西安市南郊何家村窖藏出土

陕西省历史博物馆藏

带为官服革带上的装饰品。这套带銙由和田白玉制作，质地温润。全套由13块方牌、2块圆首铊尾、1枚玉玦共16块组成。琢减地狮纹。据带銙上的墨书题记得知，唐人把这种由玉环和活舌组成的扣叫"玦"。此为首次发现，带上的13块方牌，与《新唐书》所载相符，并附铊尾与玦，可知为完整的一套带銙，极为难得，具有特别重要的历史、艺术价值，按1件计，定为国家馆藏壹级文物。

78 玉舞人骑象

唐（公元618～907年）

高5.5、长7.3厘米

故宫博物院藏

和田青白玉。圆雕，琢阴线表现细部。象作卧姿，象背乘坐一舞人。此人双眼圆睁，头稍昂。头戴幞头，身穿窄袖长袍，右臂上举，长袖飘甩于脑后，足蹬长筒靴，是一件不可多得的艺术佳品。具有特别重要的历史、艺术价值，定为国家馆藏壹级文物。

79　金玉宝钿带銙

唐(公元618~907年)

复原长约150厘米

1992年陕西省长安县王村窦嫄墓出土

陕西省考古研究所藏

　　此带由1个铊(扣)、1个铊尾、4个弧首扁方銙和9个圆形带銙组成，均以白玉做框，内嵌焊金炸珠地掐丝花草图案并镶珍珠和各色宝石，下衬铜板。玉框、铜板均用金钉铆在鞓带上。基本完好。此带为玉金嵌珠宝的复合工艺制品，乃首次发现，具有特别重要的历史、艺术价值，按1件计，定为国家馆藏壹级文物。

80　玉云龙纹带銙

五代十国·前蜀永平五年（公元915年）

铊尾长19.5、宽6.9、厚0.9厘米，玉銙长7.4、宽8.2、厚0.9厘米

1942~1943年四川省成都市外前蜀王建墓出土

四川省博物馆藏

　　白玉，因经火烧，通身有牛毛状绺裂，玉色变为浅黄。玉带由红鞓两段、镀银铜扣2枚、玉銙7块及铊尾组成，均用压地隐起碾琢蟠龙戏珠纹。铊尾背面镌有铭文，记述了永平五年孟冬下旬后宫火灾的历史和琢碾玉带的缘由及铊尾和玉銙的尺寸。此玉带是五代前蜀玉带的精品，也是研究前蜀玉带銙制度以及五代尺度标准的宝贵史料，具有特别重要的历史、艺术价值，定为国家馆藏壹级文物。

81 玉镂空折枝花锁形佩

北宋（公元960～1127年）

长7.2、宽9厘米

1974年北京市房山县长沟峪石椁墓出土

首都博物馆藏

和田青玉。玉锁镂空两朵折枝"聚八仙"花卉，交茎作椭圆形。叶脉等细部用阴线碾琢，此锁为金墓出土，但考其形制、工艺当为北宋玉器，具有特别重要的历史、艺术价值，定为国家馆藏壹级文物。

82 玉卧鹿

北宋（公元960～1127年）

长10.6、高6.5、厚2.2厘米

1962年北京师范大学清黑舍里氏墓出土

首都博物馆藏

和田青玉，略偏白色，微透明。圆雕卧鹿形象，鹿摆头前视，双耳直立，角呈灵芝状，颈粗体肥，短尾。形象生动，整体抛光精细，为北宋玉雕精品，具有特别重要的历史、艺术价值，定为国家馆藏壹级文物。

83 青白玉童子

宋

高8.8、宽4.1、厚0.7厘米

2000年杭州西湖雷峰塔基遗址出土

浙江省文物研究所藏

青白玉，有黄褐色沁斑。片状，部分透雕。琢刻一童子双手叉腰立于云朵之上。下有榫，插于方座之上。方座刻海水波涛。整体雕琢精工，童子五官生动，衣裙飘逸。为目前所知年代最早的玉琢童子形象，雕刻技法有唐代遗风。具有特别重要的历史价值和艺术价值，定为国家馆藏壹级文物。

84 玉镂空松下仙女图饰件

北宋（公元960～1127年）

长9.6、宽7.8、厚1.5厘米

故宫博物院藏

和田青白玉，质地优良。整体呈圆角长方状，层叠镂空，画面中，一仙女和执灯侍女一起在松下漫步。前方一只鹤仁立回首，上方为乘云仙女。饰件的人物比例准确，神情生动，是宋代玉雕的上乘作品，具有特别重要的历史、艺术价值，定为国家馆藏壹级文物。

85 金扣玛瑙碗

宋（公元960～1279年）

高5.9、口径13.2厘米

1972年安徽省来安县相官
乡宋墓出土

安徽省博物馆藏

酒黄色，有赭红色斑点，
半透明。腹弧收，平底。口沿
扣饰金边。此碗薄而光滑，朴
素无华，是宋代金扣玛瑙器中
的珍品，具有特别重要的历
史、艺术价值，定为国家馆藏
壹级文物。

86 玉镂空摩羯鱼藻佩

辽·开泰元年至七年（1012～1018年）

其中提领长6.5、宽4.1、厚0.6厘米

1986年内蒙古自治区哲里木盟陈国公主墓出土

内蒙古自治区文物考古研究所藏

和田白玉，滋润晶莹。佩饰由6枚镂空玉片组成，上面的提领为长方状镂空花片，下面5片为
碾琢鱼藻纹、双摩羯、双凤和双鱼藻的饰件。玉饰件和提领之间以金链相连。出土于墓主头上方，
是契丹王室用玉，具有特别重要的历史、艺术价值，全套按1件计，定为国家馆藏壹级文物。

87 玉莲花形杯

辽（公元916～1125年）

高3.5、口径6.1厘米

1967年辽宁省阜新塔营子出土

辽宁省博物馆藏

和田白玉，材质优良。杯侈口深腹，下腹弧收，喇叭状圈足，外壁从底向上隐起三重莲瓣与密集的花蕊。此杯仿金银器制作，造型典雅。器壁较薄，口稍厚，是所见最佳的辽代玉杯。具有特别重要的历史、艺术价值，定为国家馆藏壹级文物。

88 玉卧兽

辽（公元916～1125年）

长6.5、宽1.5、厚3.8厘米

1978年内蒙古自治区巴林右旗白音汉窖藏出土

内蒙古自治区巴林右旗博物馆藏

和田白玉，光泽晶莹。随形碾琢卧兽。兽身蜷曲，双眼原嵌件已失，头尾保留琥珀色玉皮，兽毛用阴线表示，此件玉卧兽富有契丹民族艺术特色，具有特别重要的历史、艺术价值，定为国家馆藏壹级文物。

89 金扣玉带

金（1115～1234 年）

玉铐长 11 厘米

1958 年吉林省扶余县金墓出土

吉林省博物馆藏

　　和田白玉。由 8 块长方形铐和一块铊尾组成，玉质细腻，光素。长方形铐的四角穿孔；铊尾圆首有一孔，另一端上下角各一孔。以金钉铆在马尾编织的鞓上，前有黄金带扣，带中部系 1 个海贝，2 枚金质竹节形环垂下。作为完整的金玉带，此为首次出土，具有特别重要的历史、艺术价值，定为国家馆藏壹级文物。

90 玉鸟啄花佩

金（1115～1234 年）

直径 6、厚 0.5 厘米

1980年北京市丰台区王佐公社金代乌古伦墓出土

首都博物馆藏

　　和田玉白色无瑕，莹润。正面近似圆形，镂空琢绶带鸟及花卉。花、叶均下凹，以细阴线碾琢花蕊和叶脉。鸟细部羽毛用细阴线表现，茎、梗穿插重叠。工艺复杂，碾琢别具一格。此佩出土时代确切，墓主清楚，具有特别重要的历史、艺术价值，定为国家馆藏壹级文物。

91 玉"龟游"佩

金（1115～1234年）

长10、高7、厚1.3厘米

1980年北京市丰台区王佐公社金代乌
古伦墓出土

首都博物馆藏

和田青玉，晶莹亮泽，佩整体呈椭圆
形。镂空菱草荷叶纹，两荷叶上各有一龟
蹒跚爬行。这件金代玉佩琢灵龟游于蔗叶
之上，属符瑞性质的玉佩，富有金代民间
生活气息。具有特别重要的历史、艺术价
值，按2件计，每件定为国家馆藏壹级文物。

92　玉鹘攫天鹅饰带环

金（1115～1234 年）

长 7.5、厚 2 厘米

故宫博物院藏

和田青白玉，细腻莹泽，有绺。镂空圆环上琢折枝荷叶，一只天鹅躲在荷叶下，上面有一只海东青（鹘），细部用阴线表现，荷叶以玉皮上的红色装点，设色精巧。这种鹘攫天鹅的题材又称"春水玉"，用作带环，是具女真民族特色的玉器，具有特别重要的历史、艺术价值，定为国家馆藏壹级文物。

93　玉虎纽押

元·大德五年（1301 年）之前

通高 2.7 厘米，押台长、宽皆为 3.5 厘米

1956 年安徽省安庆市范文虎夫妇合葬墓出土

安徽省博物馆藏

和田青玉，微透明。正方形，上琢卧虎纽，虎头及背部巧用褐色玉皮，身镌阴线象征虎毛，腹下一穿可系绶。押面剔地一点二横的押文。是研究元代内廷玉器工艺及元押制度的珍贵实物，具有特别重要的历史、艺术价值，定为国家馆藏壹级文物。

94　玉童子

金（1115～1234 年）

高 5.1、宽 1.8 厘米

1973 年黑龙江省绥滨县中兴公社金墓出土

黑龙江省博物馆藏

和田青玉，有绺。童子头戴短脚幞头，圆脸，穿对襟短衣，左手执荷茎，荷叶搭在肩上，漫步前行。童子执荷叶是宋金婴戏图常见的形象，传世品较多，此作品是难得一见具有明确出土地点和墓葬的玉童子，可作鉴定的标准器，有特别重要的历史、艺术价值，定为国家馆藏壹级文物。

95 玉龙首扣龙环带钩

元 （1271～1368 年）

通长 10.5、高 2.3、最宽 3.8
厘米

故宫博物院藏

白色，局部墨色，有白脑。钩头琢成两角龙首形，钩身阔似琵琶形，后段琢镂空芙蓉花。因玉含墨色，故留琥珀色玉皮相衬。环琢隐起云纹，端部琢成卷身升龙形象。钩首与环孔相契合。这件带钩为"巧作"中的上品，钩与环完整，具有特别重要的历史、艺术价值，按1件计，定为国家馆藏壹级文物。

96 金镶玉镂空云龙纹带銙

明·洪武初年

（1368～1371 年）

长 8.9、宽 7.4 厘米

1970 年江苏省南京市张家洼村汪兴祖墓出土

江苏省南京市博物馆藏

和田白玉，滋润晶莹。带銙琢作葵花式，附环。銙面镂空琢云龙纹。龙穿行云中，上唇尖凸，长目立鬣，细颈兽身，无鳞，尖尾，五爪。玉銙用金片包镶。此玉銙是汪兴祖玉带中的一件，全带共 14 块，其中葵形銙4块、半葵形銙8块、圭形铊尾2块。是明建国初年玉带銙的标准器，具有特别重要的历史、艺术价值，全带按1件计，定为国家馆藏壹级文物。

97 金镶玉镂空灵芝纹带銙

明·洪武元年至二十二年（1368～1389年）

尾长 7.6、宽 3.2、厚 1.8 厘米

1971 年山东省邹县朱檀墓出土

山东省博物馆藏

和田白玉，微透明。共有20块。其中委角扁方銙1块、委角长方銙2块、长方銙6块、细长銙2块、铊尾2块、扁长方銙7块，銙面均镂空琢灵芝纹，以薄金片包镶。另有金扣两个。玉銙背面用铁丝系于鞓上。此带琢制和使用年代明确，开永乐年间定制玉銙之先河。玉料优良，工艺精湛，是明初亲王等级的标志，具有特别重要的历史、艺术价值，全带按1件计，定为国家馆藏壹级文物。

高22.9、口径6.4×8.2、足径6.8×9.9厘米

故宫博物院藏

青灰色，不匀，含石性和黑点，有绺。壶直颈垂腹，两侧有兽首衔环耳，长方形圈足外撇。口沿、颈部琢饰弦纹和隐起云龙纹，其下为凸"王"字纹和回纹。腹部饰重环纹，环上为阴线卷草纹，下衬勾连回纹，中心为阴线菱纹，足为三角折线纹。壶体造型仿古青铜器，颈部云龙纹则属元代风格。此器对研究元代玉器具有特别重要的历史、艺术价值，定为国家馆藏壹级文物。

99　玉秋葵花杯

明·洪武二十二年（1389 年）

高 3.2、口径 7.3 厘米

1971 年山东省邹县朱檀墓出土

山东省博物馆藏

　　和田白玉，温润晶莹。杯形仿盛开的秋葵花，花瓣顺序叠压，花蕊隐起，杯柄为上卷三叶，底有一叶支托。这种花形杯始于宋，至明初已不多见，如此碾琢精致，浑厚圆润者尤为难得。具有特别重要的历史、艺术价值，定为国家馆藏壹级文物。

100　玉镂空蟠龙纹带环

明初（1403～1435 年）

直径 8.6 厘米

故宫博物院藏

　　和田白玉，质地温润。镂空的蟠龙右爪与尾衔接，配以卷云，连接成扁圆环。龙首在环上，长鬣分披两侧。四足五爪，鳞纹细密。此环做工精巧，是传世明皇家玉器，具有特别重要的历史、艺术价值，定为国家馆藏壹级文物。

101 玉兽面纹鼎式炉

明中期 (1465～1544 年)

通高 14.7、口径 11.95、足距 5.4 厘米

故宫博物院藏

青色，光泽稍强，有绺。呈分档鼎形，两耳直立口沿，腹为浅袋状，三圆柱足。口沿琢勾连"山"字形纹，腹部琢隐起兽面纹，足琢阴线变形蝉纹。附紫檀木盖，盖纽为玉鸳鸯衔莲。是明代仿古玉器精品，具有特别重要的历史、艺术价值，定为国家馆藏壹级文物。

102　玉瑞兽香熏

明中期（1465～1544 年）

高 17.8、口径 5.6 厘米

故宫博物院藏

和田山料，玉质干，有绺，局部有褐色人工沁。此器琢成瑞兽形，以头作盖，可启合。器身内空，可置香料。瑞兽张口露齿，立耳瞪目，四足三爪，卷尾为鋬。器身琢隐起龙凤纹，腿部琢火焰纹。整体碾琢精致，为明代宫廷玉器之精品，具有特别重要的历史、艺术价值，定为国家馆藏壹级文物。

104　玉虎纽盖匜

清·乾隆四十一年（1776 年）

高 10.2、长 15.5、口长 13.2、宽 6.6 厘米

故宫博物院藏

和田青玉，微透明。此匜仿青铜古器样式，椭圆形，前有流，后附鋬，上有盖。盖前端琢兽面纹，上有二蘑菇形角，盖顶琢卧虎纽。流短而宽，深腹，椭圆足，方折夔龙鋬。盖内镌御制诗："和阗玉来夥，巧制颇纷如，渐欲引之古，庶几返以初，为匜肖周代，作器戒虚车，流鋻考工合，敦牟介绍诸。"末署"乾隆丙申新正上浣御题"，外底阴刻篆书"乾隆仿古"有框白文款。此件是乾隆中后期提倡仿古彝玉器的代表作。其形制为觥，御制诗误定为匜。此器制作年代准确，工艺精湛，具有特别重要的历史、艺术价值，定为国家馆藏壹级文物。

103　金托玉执壶

明·万历（1573~1620 年）

通高 26.5、口径 5.3、足径 7 厘米

1958 年北京市昌平县定陵出土

北京定陵博物馆藏

粉白色和田玉，多绺，有沁。壶身高瘦，修颈长流，流下琢兽头。曲柄、鼓腹、圈足。器盖上有火焰珠纽，盖与柄用 16 节套环相连。腹壁琢桃形开光。开光内饰花托、万寿。此器时代风格鲜明，又是万历帝生前用器，可作鉴定标准器，具有特别重要的历史、艺术价值，定为国家馆藏壹级文物。

105 玉活环带盖壶

清·乾隆四十一年 (1776年)

通高29.5、口径4.5×7.8、足径4.6×7.5厘米

故宫博物院藏

　　和田山料青玉，有绺。器体扁圆，口与圈足为椭圆形。盖面琢出6个圆涡纹，颈部有乾隆丙申仲春御题诗："和田采玉春秋贡，琢器频翻《博古图》，时样颇嫌巧乃俗，周壶尤近古之模……"。颈部有4个兽头衔活环，腹琢出4组变体夔龙纹，圈足外撇。此壶是遵从乾隆帝提倡仿古旨意而碾琢的宫廷仿古彝玉器，做工精美，具有特别重要的历史、艺术价值，定为国家馆藏壹级文物。

106　玉错金镶红宝石双耳碗

清·公元18世纪

高4.8、口径14、足径7厘米

故宫博物院藏

　　和田白玉，纯洁无瑕。碗侈口，口沿下有双花蕾耳，花瓣式足。碗的外壁嵌金丝为枝叶，大小花朵上镶嵌180粒红宝石，底嵌金丝花草纹。碗内壁刻有乾隆丙午新正月御制诗，内底中心琢隶书"乾隆御用"阴文款。它是乾隆帝在举行重大典礼时御赐奶茶所用。也是研究痕都斯坦玉器以及清廷与印度莫卧尔王朝玉器交流的重要资料，具有特别重要的历史、艺术价值，定为国家馆藏壹级文物。

107 玛瑙凤首杯

清·乾隆 (1736～1795 年)

高 13.3、长 13.8、宽 7.5、口径长 10.3、宽 8.3厘米

故宫博物院藏

红白玛瑙产于云南省保山县玛瑙山，红色鲜红，白色近砗磲，今已绝产，十分珍贵。整体呈
翔凤负杯状，杯琢成凤首，杯口椭圆，外壁口沿隐起螭虎纹。此为仿古佳品，也是研究云南玛瑙
制品、宫廷碾玉的实物资料，具有特别重要的历史、艺术价值，定为国家馆藏壹级文物。

108　玉镂空螭虎盏与托

清·乾隆（1736～1795 年）

连托高 7，托长 15.5、宽 12，盏长 8.5、宽 6 厘米

故宫博物院藏

　　和田白玉，温润细腻，微透明。盏圆口，斜壁，盏身略有弧度，凹足。盏口镂琢二螭。托为椭圆形，中心有凸起莲花座，盏足稳落其中。沿托边镂琢三螭，两螭伏于托的长边，其中一螭旁边伏有一小螭。盏托底部均琢阴文篆书"乾隆年制"款。此盏托系乾隆时代内廷仿汉玉器之精品。具有特别重要的历史、艺术价值，按1件（套）计，定为国家馆藏壹级文物。

109　玉镂空牡丹花熏

清·乾隆（1736～1795 年）

高 10.2、长 20、宽 14 厘米

故宫博物院藏

　　和田白玉，滋润莹泽，微透明。通身琢出透孔。熏体扁圆，浅腹，有盖。盖上镂空四朵牡丹花。盖面、器身、双耳均为镂空枝叶茂密的牡丹。器足装饰镂空如意花瓣纹。为花熏中有代表性的精品，具有特别重要的历史、艺术价值，定为国家馆藏壹级文物。

110　玉鋬耳寿意杯·附绿玉托架

清·乾隆（1736～1795 年）

通高 19.3、杯高 3.7、径 13.5 厘米

故宫博物院藏

　　白玉与绿玉均为和田所产。白玉杯有鋬耳，鋬面琢凸"寿"字，下附三角形纹饰。玉托绿色，托边镂卷草纹，中心镂琢"寿"字，一侧镂空拐子柄，柄下阴刻楷书"乙"字，为乾隆帝制定宫廷所造玉器的等级。托下为墨绿色玉架，下有圆桌式六夔龙足，六足间有圆形撑及镂空寿字。杯、托均有三足落于榫内，连接稳固。工艺考究，是皇家祝寿用器皿，具有特别重要的历史、艺术价值，按 1 件计，定为国家馆藏壹级文物。

111　玉卧马

清·乾隆 (1736~1795 年)

长 13.8、高 7.8、宽 8.3 厘米

故宫博物院藏

　　和田青玉，纯净温润，微透明。卧马回首顾盼，长鬃披于颈后。前足弯曲，长尾搭至腹前。腹下琢阴文篆书"乾隆年制"款。此卧马鬃、尾以细阴线碾琢，是乾隆玉雕成功之作中具有代表性的一件，有特别重要的历史、艺术价值，定为国家馆藏壹级文物。

112　玉双夔龙柄执壶

清·道光（1821～1850 年）

高 10.4、长 17.2、宽 10.5 厘米

故宫博物院藏

　　和田白玉，温润晶莹。壶身较矮。通身饰隐起环带纹图案。盖纽呈花蕾形，腹部饰勾连双螭带纹。柄作双夔龙形。壶身肩与口下有铁锈色人工沁斑，壶底阴刻隶书"道光御用"款。"道光御用"款玉器极少，此壶是研究清代道光宫廷玉器演变的重要资料，也是鉴定标准器，具有特别重要的历史、艺术价值，定为国家馆藏壹级文物。

贰级文物

113　玉玦

新石器时代中期（约公元前4000年）

直径6.6厘米

1980年天津市宝坻县牛道口村采集

天津市宝坻县文化馆藏

白色，有灰斑，表面有光泽。断面呈椭圆形。玦是一种有缺口的圆形饰物，有的用于耳饰，在史前遗址中玦是最广泛使用的一种装饰品。考古学家一般认为起源于东亚北部，目前以兴隆洼遗址发现为最早。牛道口所出玦饰，似玦饰由北而南扩散的中期链环，具有重要历史、艺术价值，定为国家馆藏贰级文物。

114　玉镯

新石器时代——红山文化（约公元前3500年）

直径8.5、孔径6.5、厚1.1厘米

1987年辽宁省建平县牛河梁第五地点1号冢1号墓出土

辽宁省文物考古研究所藏

黄绿色，莹润光洁。镯体截面为三角形。此镯形体厚重，制作规整，出土时套在人骨右腕上，知为手腕饰。镯在牛河梁红山文化墓地多有出土，一般女性二只，男性一只。对研究红山文化先民的习俗和人体佩饰具有重要的历史、艺术价值，定为国家馆藏贰级文物。

115　玉神兽

新石器时代——红山文化（约公元前3500年）

高4.3、宽2.2厘米

天津市艺术博物馆藏

绿色，微透明。兽首，葫芦形身躯，其圆眼、双角与玉兽面丫形器风格近似，应是红山文化玉雕。它的形象独特，对研究我国原始宗教及其神灵崇拜具有重要的历史、艺术价值，定为国家馆藏贰级文物。

116　玉兽形玦

新石器时代——红山文化（约公元前3500年）

高5.5、宽4、厚1.5厘米

天津市文化局文物处藏

淡青色，局部有土红色沁。玦作兽形首、竖耳，眼外凸，身躯卷曲。此种兽形玦在红山文化石棺墓中已发现多件，从整体造型到细部处理基本定型。此玦为兽形玦演化的中间环节，其形态已接近殷墟妇好墓出土的虺形玉玦。具有重要的历史、艺术价值，定为国家馆藏贰级文物。

117　玉三孔器

新石器时代——红山文化（约公元前3500年）

长7、高2.7厘米

天津市艺术博物馆藏

灰青色，局部有褐斑。器身略呈长方形，中部并列琢出3个直径相同的圆孔，两端向外凸一弯形尖角，似蛇首。底部对钻4个小孔，造型与辽宁凌源三官甸子遗址采集的双猪首三孔器近似，虽系传世品，但不多见，具有重要的历史、艺术价值，定为国家馆藏贰级文物。

118　玉兽形玦

新石器时代——红山文化（约公元前 3500 年）

高 8.7、宽 6.4 厘米

天津市艺术博物馆藏

　　黄绿色，局部有伤和褐斑。雕琢古拙，纹饰简洁。虽选材不精，又系传世品，但仍具有重要的历史、艺术价值，定为国家馆藏贰级文物。

119　玉琮形器

新石器时代——龙山文化（约公元前 2500～前 2000 年）

直径 10.3、孔径 6.2、厚 1.2 厘米

1967 年陕西省延安市碾庄乡芦山峁村采集

陕西省延安地区文物保管委员会藏

　　浅绿色，外缘有茶褐色斑。扁平体，全器对称地琢有四处缺凹，器壁有较规则的长方形阴纹，形状和纹饰都较为奇特，与常见的良渚文化扁平玉琮相似，又有一定区别。其形制对探求新石器时代玉器的种类、用途，具有重要的历史、艺术价值，定为国家馆藏贰级文物。

120　玉勾云形佩

新石器时代——红山文化（约公元前 3500 年）

长 10.5、高 7.1 厘米

天津市艺术博物馆藏

　　褐绿色，有沁斑。器角向外卷曲，上端有并列的双孔，可用来穿系。此器是勾云形玉佩系列中的主要形态之一，是研究红山文化玉勾云形佩演化的重要例证，虽非考古发掘品，但具有重要的历史、艺术价值，定为国家馆藏贰级文物。

121 玉钺

新石器时代——龙山文化（约公元前 2500～前 2000 年）

长 10.1、上端宽 4.4、刃宽 5 厘米

1967 年陕西省延安市碾庄乡芦山峁村采集

陕西省延安地区文物保管委员会藏

墨绿色。略呈长方形，扁平体。下端两面磨刃，上端有一大孔，前下侧又有一小孔，当为穿绳固定木柄而钻琢的。龙山文化时期玉钺等礼仪用具已很盛行，这件是制作比较精致的一件，具有重要的历史、艺术价值，定为国家馆藏贰级文物。

122 玉璋

新石器时代——龙山文化（约公元前 2500～前 2000 年）

长 29.2、宽 5.4 厘米

天津市艺术博物馆藏

青灰色，有黑色斑绉。整体呈条形。首端为双尖下凹刃，末端平直，与身无明显区别，仅以三条直线相区分，有两圆穿。其形制与陕西石峁龙山文化无阑牙璋形制相近。此器虽无确切出土地点，但保存完好，磨制精良，属玉璋的早期形态，具有重要的历史、艺术价值，定为国家馆藏贰级文物。

123　玉人面形佩

新石器时代——大溪文化

（约公元前 4400～前 3300 年）

高 6 厘米

1959 年四川省巫山县大溪遗址出土

玉色青灰，质地光润细腻。佩的整体呈椭圆形。中部琢刻人面形。圆形双目，直鼻，圆口。佩饰的顶部并列两个椭圆形穿孔。其中一孔残豁。这件玉佩是大溪文化中的孤品，具有重要的历史和艺术价值，定为国家馆藏贰级文物。

124　玉琀

新石器时代——崧泽文化（约公元前 3900～前 3300 年）

长 4.2 厘米

1976 年上海市青浦县崧泽遗址 92 号墓出土

上海市文物保管委员会藏

墨绿色。质地致密。鸡心形，中有一单面钻大孔。通体琢磨精细，出土时从人颅骨的口部取出，是史前先民落葬时口中置玉琀的较早例证，具有重要的历史、艺术价值，定为国家馆藏贰级文物。

125　玉玦

　　新石器时代——河姆渡文化(约公元前5000～前3300年)

　　大者直径3.2、小者直径1.3厘米

　　1979年浙江省余姚县河姆渡遗址出土

　　浙江省博物馆藏

　　青白色,有黑色斑沁和绺。靠近缺口的首端厚重,琢孔偏离圆心。缺口处切割不整齐,断面呈椭圆形,具玉玦初创时期的一些特点。这两件玉玦出自河姆渡遗址第三、四层,时代较早,对探索我国玉器产生的渊源有重要研究价值,按2件计,每件定为国家馆藏贰级文物。

126　玉人面饰件

　　新石器时代晚期(约公元前2000年)

　　高2、宽1.8厘米

　　天津市艺术博物馆藏

　　青灰色,不透明。整体呈扁管状,有上下贯通的对钻孔。人面五官简化,用平行横线代表眉和嘴,小圆圈代表双目。此件虽非考古发掘品,但应属于史前时期的玉雕人像,具有重要的历史、艺术价值,定为国家馆藏贰级文物。

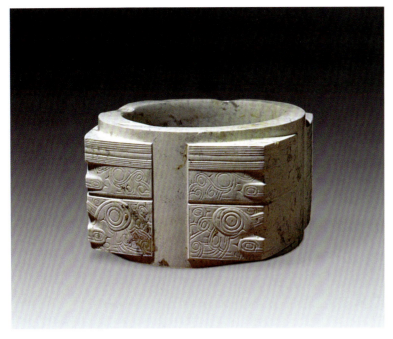

127　玉兽面纹琮

新石器时代——良渚文化（约公元前3300～前2200年）

高5.2、射径5.8厘米

1987年浙江省余杭县安溪乡下溪湾村瑶山墓地出土

浙江省文物考古研究所藏

　　白色，有灰褐色沁斑。玉琮分上下两节。各以四角为基准，细线琢刻纹饰。上层刻两组平行线为顶，下刻人面纹。下层刻兽面纹。上、下两层纹饰组成良渚文化特有的神徽图案。此琮玉质虽不甚佳，但琢刻的线条细致，图像含义深刻，具有重要的历史和艺术价值，定为国家馆藏贰级文物。

128　玉柱形器

新石器时代——良渚文化（约公元前3300～前2200年）

高6.6、直径3.8厘米

1986年浙江省余杭县长命乡雉山村反山墓地出土

浙江省文物考古研究所藏

　　浅黄色，有茶褐色斑块。呈圆柱形，外形如琮，较一般琮形瘦小，体圆，正面无直槽。分上下两层用阴线琢8个神面，此类玉柱形器有的带盖，有的无盖，有的带花纹，有的无花纹，多置于椁上，对研究原始葬俗提供了资料。具有重要的历史、艺术价值，定为国家馆藏贰级文物。

129　玉璜

新石器时代——卡若文化（约公元前3300～前2100年）

宽9.1、厚0.8厘米

1977年西藏自治区昌都卡若村出土

西藏自治区文物保管委员会藏

　　青灰色，局部有褐斑，不透明。体呈半环形，剖面作椭圆形。两端各有一个对钻的圆孔，其中一孔打坏，在旁另钻一孔。玉璜在长江流域新石器时代文化遗址中常见，但在西藏则是考古发掘中首次发现。时代较早，具有重要的历史、艺术价值，定为国家馆藏贰级文物。

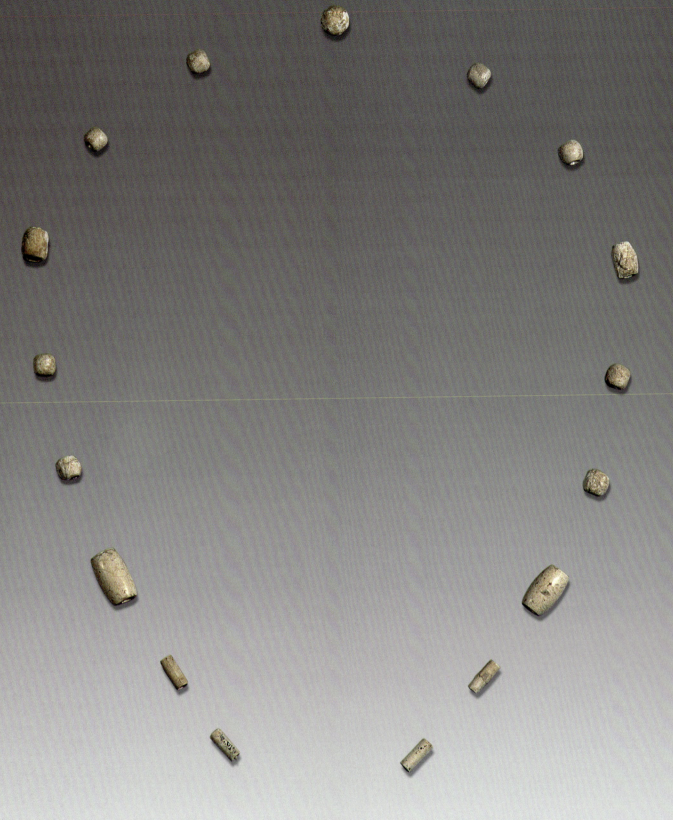

130 **玉串饰**

新石器时代——良渚文化

（约公元前 3300~前 2200 年）

珠径 1.2~1.6、坠长 2.6 厘米

1978 年江苏省武进县寺墩 1 号墓出土

南京博物院藏

灰白色。串饰包括 1 个牛鼻孔形球，12 个腰鼓形珠，4 个玉管和 1 个锥形坠，共 18 枚组成，制作简约，无附加纹饰。出土时保持原有组合形态，具有重要的历史、艺术价值，全套按 1 件计，定为国家馆藏贰级文物。

131 玉突唇环

商（约公元前16～前11世纪）

直径8、孔径5.4、边宽1.3厘米

1986年四川省广汉市三星堆遗址1号祭祀坑出土

四川省文物考古研究所藏

灰色。局部有灰白色斑点。环体扁薄，无纹，磨制精致，肉的内缘两面突起高棱，亦称突唇璧。此种形状的璧、环在江西新干大洋洲商墓和殷墟妇好墓中都曾见过。具有重要的历史价值，定为国家馆藏贰级文物。

132 玉镯形琮

商（约公元前16～前11世纪）

高3.9、直径7厘米

1980年陕西省西安市东郊老牛坡商代遗址出土

陕西省西安市文物局藏

青绿色，有土沁，半透明。整体呈圆筒状，外壁周边有3个呈弧形凸起的方块。通体光素无纹，与河南新郑商代中期墓所出玉琮风格近似。到了商代，玉琮由盛转衰，数量不多，这件有准确出土地点的玉琮，是探索商代礼仪用玉的宝贵资料，具有重要的历史、艺术价值，定为国家馆藏贰级文物。

133 玉鸮

商（约公元前16～前11世纪）

高5.3、宽2.5厘米

1980年陕西省西安市毛西乡毛西村出土

陕西省西安市文物局藏

青色，略泛黄褐。鸮呈站立状，圆目勾喙，喙下有孔。双翅和足部用阴线琢出勾云纹。纹饰虽简单，但具有粗放之美，具有重要的历史、艺术价值，定为国家馆藏贰级文物。

134 玉鸟

商（约公元前16～前11世纪）

长4.2、宽1.7、厚0.4厘米

1953年河南省安阳市大司空村24号墓出土

中国国家博物馆藏

灰白色。体作片状。鸟琢成卧姿，圆目，勾喙，翅上翘，尾伸直，呈刀形。系安阳商墓所出，年代可靠，可作为鸟类玉器的断代标准器。具有重要的历史、艺术价值，定为国家馆藏贰级文物。

135 玉鱼

商（约公元前16～前11世纪）

长7.7～7.8、厚0.8厘米

1959年河南省安阳市小屯村103号墓盗坑出土

中国社会科学院考古研究所藏

乳白色，莹润。鱼体肥壮短粗，尾下弯作游动状，口部有一小孔，以供系佩。用阴线琢出眼、鳃、鳞、尾，形象生动，是商代表现动物题材的成功作品之一。成对保存较为难得。具有重要的历史、艺术价值，此按2件计，每件定为国家馆藏贰级文物。

136 玉龙形玦

商晚期（约公元前14～前11世纪）

直径5.5、孔径1.2、厚0.5厘米

1976年河南省安阳市殷墟妇好墓出土

中国社会科学院考古研究所藏

淡绿色。片状。两面均琢成凸起蟠龙形，团身，首尾接近。方形目，独角，脊背雕成扉棱，颈后扉棱上琢一小孔，身尾琢双勾云纹。此为妇好墓出土，年代可靠，具有重要的历史、艺术价值，定为国家馆藏贰级文物。

137 玉柄形器

商晚期（约公元前14～前11世纪）

长15.3、宽1.1、厚1厘米

1976年河南省安阳市殷墟妇好墓出土

中国社会科学院考古研究所藏

乳白色，略透明，玉质晶莹温润。体呈长条形，柄身琢5组花瓣纹，下端有尖状短榫。以往柄形饰出土和传世品数量较多，但此件选材优良，制作工细，保存完好，在同类柄形器中较为突出，又系妇好墓所出，年代可靠，具有重要历史、艺术价值，定为国家馆藏贰级文物。

139　玉龟

西周·宣王（公元前 827～前 782 年）

1990 年河南省三门峡市上村岭虢国墓地出土

河南省文物考古研究所藏

一件为红褐色，另一件呈墨绿色。片状，半圆雕。腹甲平齐，背甲略凸，打磨光亮，并碾琢出首、尾、四足和圆凸的双眼，生动地表现出龟在爬行中的神态。虽纹饰简约，但具有重要的历史、艺术价值，按 2 件计，每件定为国家馆藏贰级文物。

138　玉握

西周·宣王（约公元前 827～前 782 年）

上高 11、下高 12.3 厘米

1991 年河南省三门峡市上村岭虢国墓地出土

河南省文物考古研究所藏

浅绿色。一为方柱形，一为圆柱形。方柱形玉握琢弦纹和蝉纹作为装饰，圆柱形玉握琢龙纹作为装饰，琢制精细。出土时用红色组带分别系于墓主人左、右手之中。为年代较早的玉握，也是研究葬玉制度渊源的宝贵资料，具有重要的历史、艺术价值，按 2 件计，每件定为国家馆藏贰级文物。

140　玉虎

西周·宣王（约公元前827~前782年）

长7.3、高2.9、厚0.35厘米

1990年河南省三门峡市上村岭虢国墓地2006号墓出土

河南省文物考古研究所藏

青色，有褐、红色沁斑。体扁平，虎琢成蹲伏状，表现出欲跃的神态。尾上扬，尾尖残断，身躯未加琢纹饰，出土地点明确，年代可靠，具有重要的历史、艺术价值，定为国家馆藏贰级文物。

141　玉串饰

西周（约公元前11世纪~前771年）

周长43厘米

1995年山东省长清县仙人台邿国墓地出土

山东大学历史文化学院考古系藏

由6块玉牌和38颗玛瑙珠、绿松石珠、玉珠组成，玉牌呈束状花瓣形。由于长年埋于地下，串饰一般都已散乱，但像这组玉串饰保持原有组合关系未经扰乱的并不多，所以具有重要的历史、艺术价值，此玉串按1件计，定为国家馆藏贰级文物。

142　玉牛面

西周·宣王（约公元前 827～前 784 年）

高 11.2 厘米

1990 年河南省三门峡市上村岭虢国墓地出土

河南省文物研究所藏

　　玉色偏黄，质干。牛面作扁平状。双角大而上耸，下部正中琢一小孔。牛面的眼睛、双角的纹理，均用线条表现，粗拙而不失率真。这件牛面为科学发掘品，时代、属主清楚，具有重要的历史价值，定为国家馆藏贰级文物。

143　玉兽

西周（约公元前 11 世纪～前 771 年）

长 5.1、宽 1.6、高 1 厘米

1985 年山东省济阳县刘台子西周 6 号墓出土

山东省文物考古研究所藏

　　白色，有黄斑。牛首凤身，背琢双翼，长尾，腹部装饰有卷云纹。形制少见而奇特，具有重要的历史、艺术价值，定为国家馆藏贰级文物。

144　玉人形饰

西周（约公元前 11 世纪～前 771 年）

长 3.4、宽 1.3、厚 0.5 厘米

1985 年山东省济阳县刘台子西周 6 号墓出土

山东省文物考古研究所藏

　　淡绿色。半凸琢法制作。碾琢精细。形体较小，人体四肢变形，呈侧面形象。长发、长胡须，颈部有一横穿孔。如此造型在商周玉人像中实为罕见，具有重要的历史、艺术价值，定为国家馆藏贰级文物。

145 玉龙纹牌

　　春秋（公元前770～前476年）

　　上宽5.2、下宽7.6、高8.3厘米

　　1994年山西省曲沃县天马—曲村晋侯墓地102号墓出土

　　山西省考古研究所藏

　　浅黄色，牌呈梯形。单面碾琢两条双首龙纹，两龙相对，龙身呈"S"形，外轮廓部分镂空，上下端有斜向暗孔，可以系结其他质地的珠、管，构成完整的佩饰。这件玉牌工艺精湛，可作为春秋早期玉雕的标准器，具有重要的历史、艺术价值，定为国家馆藏贰级文物。

146 玉鸟兽纹璜

　　春秋（公元前770～前476年）

　　横宽11、内宽2.5、厚0.2厘米

　　1983年河南省光山县宝相寺黄君孟墓出土

　　河南省信阳地区文物保管委员会藏

　　青色。体扁平，首端和底边有对称的凸脊，器表以双勾和单阴线琢刻鸟兽纹。左右对称，线条流畅，反映了春秋早期玉雕工艺的水平和多样的风格。此件纹饰精美，属主清楚，年代可靠，具有重要的历史、艺术价值，定为国家馆藏贰级文物。

147 蚀花石髓珠（左）

　　春秋（公元前770～前476年）

　　长1.95、径0.8、孔径0.5厘米

　　1978年河南省淅川县下寺2号墓出土

　　河南省文物研究所藏

　　肉红色石髓。整体呈枣核形，两端平齐，纵向穿孔。器表有三圈白色纹带。为我国出土此类玉石髓珠较早的实例之一，具有重要的历史和艺术价值，定为国家馆藏贰级文物。

148 玉龙形饰

春秋晚期（公元前571～前480年）

长12.7、厚0.3厘米

1988年山西省太原市金胜村晋卿赵氏墓出土

山西省考古研究所藏

青色，有褐色沁斑，半透明。体扁平，周边不甚规整。龙首向上弯曲，身躯呈拱形，有穿孔，尾端勾卷。龙身装饰单阴线勾云纹，尾和足碾琢并列单阴线，纹饰趋于简率，时代特点鲜明，具有重要的历史、艺术价值，定为国家馆藏贰级文物。

149 玉瑗

春秋（公元前770～前476年）

左径10.2、右径9.4厘米

1991年河南省淅川县徐家岭10号墓出土

河南省文物考古研究所藏

青色，受沁后部分呈深褐色。扁平体，有廓，外缘和内缘经过修整，十分圆齐。器表琢双阴线卷云纹和羽状网格纹。刻工细腻，时代特点鲜明，为春秋时期玉瑗中的佼佼者，具有重要的历史、艺术价值，每件定为国家馆藏贰级文物。

150　玉双首龙纹饰件

春秋（公元前770～前476年）

长4.6、宽2.5厘米

1956～1957年河南省三门峡市上村岭虢国墓地1657号墓出土

中国国家博物馆藏

淡绿色，半透明。体扁平，近长方形，镂空琢连体两龙首，头上下反向相顾呈"S"形。用单阴线碾琢轮廓和龙的身躯，椭圆形眼。此玉是项饰的组件之一，对同类玉器的断代等研究工作有借鉴意义，具有重要的历史、艺术价值，定为国家馆藏贰级文物。

151　玉双龙双螭纹环

战国（公元前475～前221年）

外径11、内径6.1、厚0.4厘米

1992年山东省淄博市临淄商王村1号墓出土

山东省淄博市博物馆藏

白色，有褐色沁及绺裂。肉内外缘饰绞丝纹，中间镂雕对称双龙和双螭纹。碾琢精细，代表战国时期齐国治玉的高超水平，弥补了玉器史上齐玉的空白，此器虽已断裂，但仍具有重要的历史、艺术价值，定为国家馆藏贰级文物。

152 玉龙首璜

战国（公元前475～前221年）

长17.5厘米

1977年安徽省长丰县杨公乡墓葬出土

故宫博物院藏

　　青玉，质地优良。体扁平，璜的两端琢出两龙首，龙的身躯合二于一。其间布满勾连云纹。战国时期龙首璜虽然各地所出较多，但此璜形体硕大，具有重要的历史、艺术价值，定为国家馆藏贰级文物。

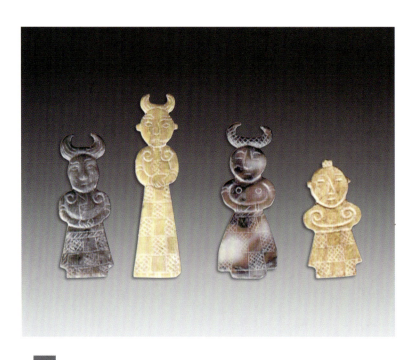

153 玉人

战国中期（约公元前400年）

最高4、最低2.5厘米

1978年河北省平山县中山国国王陪葬墓出土

河北省文物研究所藏

　　黄褐色，微透明。片状，只一面琢出纹饰。玉人均为立姿，身着长衣，长袍或长裙，琢阴线花格纹。玉人头梳圆髻或尖角状对髻，原为木漆器之上的附件。此玉人像虽不是独立的艺术作品，但它是首次出土的中山国玉人像，为研究中山国族属、人体形态、服饰及风俗提供了可信的资料。具有重要的历史、艺术价值，按4件计，每件定为国家馆藏贰级文物。

154　玉凤首龙身佩

战国（公元前 475～前 221 年）

长 6.7 厘米

1979～1980 年河南省淮阳县平粮台 17 号墓出土

河南省文物考古研究所藏

略带绿色晕斑。片状，镂空。佩凤首龙身。凤回首，勾喙。龙身盘回，琢出卷云纹，尾翻卷。凤头与爪尾琢细密的阴线纹，是一件不多见的艺术品，具有重要的历史、艺术价值，定为国家馆藏贰级文物。

155　玉卧蚕纹瑗

秦（公元前 221～前 207 年）

直径 7.9、孔径 4.7、厚 0.4 厘米

河北省易县高陌村 39 号墓出土

河北省文物研究所藏

和田玉，质地优良，表面呈浅褐色，有褐色沁及水锈斑。瑗两面均琢卧蚕纹。完整无损，年代可靠，具有重要的历史、艺术价值，定为国家馆藏贰级文物。

156　玉蝉

秦（公元前 221～前 207 年）

长 4.8、宽 2.5 厘米

1983 年陕西省西安市池头村秦墓出土

陕西省西安市文物局藏

白色。蝉头呈三角状，两目稍凸，其间有阴线三角纹带，背中起脊，两侧用阴线琢出翼纹，此为墓主口中所含之玉，形象生动，做工简练，为秦代玉蝉之杰作，具有重要的历史、艺术价值，定为国家馆藏贰级文物。

157 玉螭首带钩

西汉·景帝前元三年至武帝元鼎四年（公元前 154～前 113 年）

长 5.8、厚 1.8 厘米

1968 年河北省满城县陵山刘胜墓出土

河北省博物馆藏

和田白玉，玉质温润，微透明。钩头圆雕螭虎头形，腹面镂琢螭凤，背纽为椭圆钉帽状。带钩精工碾琢。对研究西汉王室所用玉带钩的形制、纹饰有着重要历史、艺术价值，定为国家馆藏贰级文物。

158 玉双身龙纹璧

西汉·武帝元狩五年至太初元年（公元前 118～前 104 年）

直径 20.4、孔径 3.8、厚 0.45 厘米

1968 年河北省满城县陵山窦绾墓出土

河北省博物馆藏

玉质润泽，有水锈蚀。璧面用绹索纹分隔为内外区，外区用阴线琢四组双身龙纹，内区饰蒲席地卧蚕纹。此璧是研究西汉王室用玉制度的实物资料，也是鉴定西汉玉璧的标准器。具有重要的历史、艺术价值，定为国家馆藏贰级文物。

159　玉韘形佩

西汉·武帝元狩五年至太初元年（公元前118～前104年）

长5.2、宽4.1、厚0.3厘米

1968年河北省满城县陵山窦绾墓出土

河北省博物馆藏

器表有微黄色沁。片状，略呈"心"形，中间有大圆孔。上下均以阴线装饰，两侧镂空琢云纹及凤纹，细部以阴线勾勒。此器时代明确，可作鉴定标准器，具有重要的历史、艺术价值，定为国家馆藏贰级文物。

161　玉熊形器

东汉·永平十四年（公元71年）

高7.7、宽6、厚4.5厘米

1984年江苏省扬州市甘泉老虎墩东汉墓出土

江苏省扬州博物馆藏

和田白玉，表面蚀伤，光泽较弱。熊作跪踞状，张口露齿舌。头顶有圈口，配银盖，腹部琢成空腔。肩部垂双翼，右前掌执三枝灵芝，底部有尾。此器造型奇特，碾琢精细。具有重要的历史、艺术价值，定为国家馆藏贰级文物。

160　玉镂空龙马纹牌饰

西汉·武帝至宣帝时期（公元前140～前49年）

长8.8、宽4.4、厚0.3厘米

1975年湖南省长沙市咸湖曹㜐墓出土

湖南省长沙市博物馆藏

和田白玉，色匀净。薄片状，镂空龙马纹，卧姿。细部碾琢细阴线，叠压穿插而形成隐起效果，这是西汉琢玉的新手法。牌饰完整无损，具有重要的历史、艺术价值，定为国家馆藏贰级文物。

162 玉杯

三国·魏·正始八年（公元247年）

高11.5、口径5.2、底径4厘米

1956年河南省洛阳市涧西区曹魏墓出土

河南省洛阳市文物工作队藏

和田白玉，通体光润。身修长，直口直腹，圜底。短柄盘足。杯壁厚薄均匀，制作工整，光素无纹。在三国曹魏的玉器中较难见到。具有重要的历史、艺术价值，定为国家馆藏贰级文物。

163　玉双螭佩

东晋·永和三年（公元 347 年）

长 7.1、宽 4.6、厚 0.47 厘米

约 20 世纪 70 年代江苏省南京市中央门外郭家山东晋墓出土

江苏省南京市博物馆藏

已蚀损，呈牙黄色，多处脱落。中部琢椭圆形孔，周边镂空琢双螭穿云纹。细部刻画简约，反映了东晋玉佩的变化及特点，可作鉴定标准器，具有重要的历史、艺术价值，定为国家馆藏贰级文物。

164　玉盏

北燕·太平七年（公元 415 年）之前

高 3.3、口径 8.6 厘米

1965 年辽宁省北票县西官营子冯素弗墓（1 号墓）出土

辽宁省博物馆藏

青色，内含墨色，表有薄薄的一层斑。玉盏直口浅腹，器壁较薄，口沿下外壁琢弦纹一周，平底。琢磨较光滑，但弦纹粗细不匀。北燕玉器存世很少，具有重要的历史、艺术价值，定为国家馆藏贰级文物。

165　玉兽

隋（公元581～618年）

长2.7、高2厘米

1957年陕西省西安市李静训墓出土

中国国家博物馆藏

　　和田白玉，温润，微透明。玉兽尖嘴，小耳，粗颈，突胸，前肢伸出，后肢前屈，腹部有穿。短尾。因其出自纪年墓，可作鉴定标准器，具有重要的历史、艺术价值，定为国家馆藏贰级文物。

166　玉胡人带銙

唐（公元618～907年）

长5、宽5厘米

1989年陕西省西安市枣园唐墓出土

陕西省西安市文物局藏

　　和田白玉，质地尚好。带銙正面以写实的手法，用压地隐起技法琢出西域胡人像，胡人着紧袖衣，穿长筒靴，盘坐，怀抱琵琶。头发、衣纹均以短阴线表现。做工粗犷，反映了唐朝与西域的文化交流，具有重要的历史价值，定为国家馆藏贰级文物。

167　玉飞天

唐（公元618～907年）

高3.9、宽7.1、厚0.7厘米

故宫博物院藏

　　和田青玉，质地温润，以镂空、隐起、阴线等手法碾琢。飞天体态婀娜，双臂舒展，身下衬三朵祥云，似在云中翩翩起舞。为唐代飞天中的精品，开佛教玉雕题材的先河，具有重要的历史价值，定为国家馆藏贰级文物。

168 玉狻猊

唐（公元618～907年）

长5.8、高2厘米

故宫博物院藏

和田白玉，色偏青，玉质较好，微透明。狻猊伏卧，头前探，瞪双目。因受玉料形状的限制，身躯的肌肉与动态的处理上随形碾琢。具有重要的历史、艺术价值，定为国家馆藏贰级文物。

169 水晶八弧椭圆形盏

唐（公元618～907年）

高2.5、长6、口径9.6厘米

1970年陕西省西安市南郊何家村窖藏出土

陕西省历史博物馆藏

光亮澄澈，内含绵缕。盏体椭圆，口部如八连弧花瓣形。这种形制的器物最早为波斯萨珊王朝金银器。此盏是唐朝与波斯文化交流的结晶。具有重要的历史、艺术价值，定为国家馆藏贰级文物。

170 玉云雁纹铊尾

北宋（公元960～1127年）

长4.7、宽2.1、厚0.9厘米

1969年河北省定州市静志寺真身舍利塔塔基地宫出土

河北省定州市博物馆藏

色白而微黄。整体呈长方形，一端弧凸，另一端平齐。在其立面中部有一道切口，铊尾正面琢一引颈展翅飞翔的鸿雁，尾部衬以祥云。用细阴线琢细部。此铊尾为北宋早期作品，可作鉴定标准器，具有重要的历史、艺术价值，定为国家馆藏贰级文物。

171 玉双鸟衔绶纹腰圆盒

北宋（公元960～1127年）

长5.2、高1.6厘米

1969年河北省定州市静志寺真身舍利塔塔基出土

河北省定州市博物馆藏

色白。盒作腰圆形，盖面呈弧形，上面琢隐起双鸟，引颈展翅，长喙衔绶带，构图对称，有晚唐、五代遗韵。腰圆形盒始见于唐代金银器。此盒是北宋早期作品，有准确出土地点，可作鉴定标准器，具有重要的历史、艺术价值，定为国家馆藏贰级文物。

172 玉孔雀形头饰

金（1115～1234年）

长6、高3、宽2.2厘米

1974年北京市房山县长沟峪金代石椁墓出土

首都博物馆藏

和田玉，微透明。孔雀有冠，曲颈，尾羽宽长，双翅张而不展，从腹下伸出长支，在视觉上获得良好效果。具有重要的历史、艺术价值，定为国家馆藏贰级文物。

173　玉螭虎穿花带饰

北宋（公元960～1127年）

长7.6、宽6.1厘米

陕西省西安市东郊田家村出土

陕西省西安市文物局藏

白色，质细腻，光泽较强。带饰呈圆角长方形，上镂空琢螭虎穿绕牡丹花丛，北宋时期龙凤穿花题材的玉器较普遍，而螭虎穿花则少见。这件带饰牡丹层叠，是典型北宋镂空工艺，可作鉴定标准器，具有重要的历史、艺术价值，定为国家馆藏贰级文物。

174　玉卧兔

南宋（1127～1279年）

长6.7、高3.6、宽2.6厘米

1974年浙江省衢州市王家乡瓜园村史绳祖墓出土

浙江省衢州市博物馆藏

和田白玉，泛青，内含白脑。玉兔团卧，下底甚平。长耳后倾紧贴背上，两眼圆睁，用短阴线表现兔毛，在南宋玉器作品中别具一格。可作鉴定标准器，具有重要的历史、艺术价值，定为国家馆藏贰级文物。

175　玉侈口素碗

南宋（1127～1279年）

高5.8、口径10.2厘米

1952年安徽省休宁县朱晞颜夫妇合葬墓出土

安徽省博物馆藏

青灰色，质地尚佳。碗侈口，深腹，圈足略外撇，器壁稍薄。光素。器形匀称。南宋日常生活玉质器皿流传下来的甚少，此碗可作鉴定标准器，具有重要的历史、艺术价值，定为国家馆藏贰级文物。

176　玉镂空飞天

辽（公元916～1125年）

长5.2厘米

1970年内蒙古自治区翁牛特旗解放营子辽墓出土

内蒙古自治区赤峰市文物工作站藏

玉质尚佳。片状，呈倒三角形，镂空，以阴线镌刻祥云烘托的飞天形象。飞天俯身，头戴大冠，披肩绕臂。身躯在腰背间反屈，为辽飞天造型的形象特点。此器是首次出土的辽代飞天，可作鉴定标准器，具有重要的历史、艺术价值，定为国家馆藏贰级文物。

177　玉云龙纹杯

辽（公元916～1125年）

高3.4、口径6.2厘米

1967年辽宁省阜新县出土

辽宁省博物馆藏

和田白玉，纯洁无瑕。杯圆口内收，厚壁，圈足，器型敦实，外壁琢阴线勾云龙纹，龙张口露齿，追逐火珠。具有重要的历史、艺术价值，定为国家馆藏贰级文物。

178　玉双鹅小瓶

辽（公元916～1125年）

长9.3、宽3.8厘米

1950年辽宁省阜新县清河门辽墓出土

辽宁省博物馆藏

和田青玉。随玉料原形琢作细长小瓶，上琢交颈天鹅。眼、喙和羽毛用阴线表现。两侧有一穿孔。天鹅交颈是契丹玉器中的典型形象，此瓶虽缺盖，仍具有重要的历史、艺术价值，定为国家馆藏贰级文物。

179 玉鹘攫天鹅

金（1115～1234 年）

长 5.9、宽 3.9、厚 1 厘米

故宫博物院藏

和田玉，白如羊脂。镂琢成鹘攫天鹅形象。天鹅伸颈仰首，两翅奋力挣扎，表现了两禽搏斗的瞬间情景。此鹘足上系带，说明为豢养之物。这种题材称为"春水玉"。此件仅有鹘、天鹅，而无花卉，属于金代较早作品。其构图简洁，反映了女真民族特有的习俗，具有重要的历史、艺术价值，定为国家馆藏贰级文物。

180 玉童子

金（1115～1234 年）

高 5.8、宽 3.4、厚 2 厘米

故宫博物院藏

青白色和田玉，表面有沁色和土斑。玉童头梳 3 个发髻，右手举海东青，左手执灵芝，似迈步行走。稚趣天成，为传世金代玉器佳作，具有重要的历史、艺术价值，定为国家馆藏贰级文物。

181 玉绶带衔花佩

金（1115～1234 年）

长 7、高 3.8、厚 0.5～0.7 厘米

1983 年黑龙江省哈尔滨市香坊金墓出土

黑龙江省博物馆藏

青色，上半部偏白，内含白脑，受沁后呈黄色。玉佩镂空琢一只展翅的绶带鸟，喙衔折枝花卉。花卉与其长尾错叠，层次繁多。鸟眼、羽翅均用细阴线碾成。此玉佩做工精细，有别于金代中原地区的玉雕风格，是研究女真族玉佩的实物资料，具有重要的历史、艺术价值，定为国家馆藏贰级文物。

182　玉镂空仙人纽

金（1115～1234年）

高9.5、宽7.5、厚3.5厘米

故宫博物院藏

青玉，用黄褐色玉皮作树叶和鹿身。镂空琢立体山石树木、仙人鹤鹿。主景山崖上有一鹤衔灵芝飞来，一仙人端坐在山崖前，旁边仙女侍立。仙人背后有一株树，树侧一只鹿仰首回眸。仙女身后立一只鹤。石下有一只伸颈爬行的乌龟，背面雕一树，两鹿相对，一卧一立，树顶有两小猴嬉戏，充满逸趣。具有重要的历史、艺术价值，定为国家馆藏贰级文物。

183　玉莲首带钩

南宋·淳祐七年至元·延祐七年（1247～1320年）

长7.4、宽2、高2厘米

1960年江苏省无锡市大浮乡钱裕墓出土

江苏省无锡市博物馆藏

青色，有绺，器表附着一层水锈斑。钩首琢莲花纹，钩身镂空突起荷草纹，纽作桥形。此带钩做工粗犷，器型新颖，是研究南宋末至元中期玉带钩演变及其工艺特点的实物资料，可作鉴定标准器，具有重要的历史、艺术价值，定为国家馆藏贰级文物。

184　玉鳜鱼佩

南宋·淳祐七年至元·延祐七年（1247～1320年）

长4.8、宽3.2厘米

1960年江苏省无锡市大浮乡钱裕墓出土

江苏省无锡市博物馆藏

青色。鱼口微张，平腹，尾翘举。鳍、尾鳍均用细阴线碾成，背鳍后部琢一穿孔，可供系佩。代表了宋元时期民间玉雕的艺术水平，墓葬时代确切，可作鉴定标准器，具有重要的历史、艺术价值，定为国家馆藏贰级文物。

185　水晶项链

南宋·淳祐七年至元·延祐七年（1247～1320年）

珠直径0.9～1.1厘米，菱形饰高1.9、宽3.4、厚0.8厘米

1960年江苏省无锡市大浮乡钱裕墓出土

江苏省无锡市博物馆藏

　　水晶珠净洁透亮，共43枚。中间有半菱形扁坠。项链出于纪年墓，年代准确，工艺精良，反映了当时的工艺水平，可以作鉴定标准器，具有重要的历史、艺术价值，按1件计，定为国家馆藏贰级文物。

186 玉桃形洗

南宋·淳祐七年至元·延祐七年（1247～
1320年）

长11、宽6厘米

1960年江苏省无锡市大浮乡钱裕墓出土

江苏省无锡市博物馆藏

玉质较干，表面有水锈斑，白脑甚多。洗
呈半桃形，枝梗叶作柄，延伸至洗底。这种
果式器皿盛行于宋代，因其出土地点和制造
年代准确，可作鉴定标准器，具有重要的历
史、艺术价值，定为国家馆藏贰级文物。

187 "春水"玉饰

南宋·淳祐七年至元·延祐七年（1247～
1320年）

长8.3、宽6.7、厚2.2厘米

1960年江苏省无锡市大浮乡钱裕墓出土

江苏省无锡市博物馆藏

玉质有绺，通身有水锈斑。玉饰以扁圆环作托，主体镂空成天鹅、荷芦，另有飞翔的鹘相衬。图案细部用细阴线表现。主体纹
饰仍为"春水玉"，但其做工粗放，显示了这阶段玉器的特点，对鉴别南宋、金、元三朝玉器有所借鉴，具有重要的历史、艺术价
值，定为国家馆藏贰级文物。

188　玉泥金云龙纹佩

明·洪武元年至二十二年（1368～1389年）

长7.6、宽4、厚0.3厘米

1971年山东省邹县朱檀墓出土

山东省博物馆藏

　　和田青玉，此佩为腰带上的挂饰，一副两件。每件玉钩提领，由珩、琚、玉花、滴、璜及玉珠若干用丝线穿缀而成。正面琢阴线云龙纹，内戗泥金。这种玉佩出土较多，泥金戗云龙纹者仅见此一例。此佩年代准确，组合完整，可作鉴定标准器，具有重要的历史、艺术价值，一副按1件计，定为国家馆藏贰级文物。

189　玉童佩

明·洪武元年至嘉靖二十三年（1368～1544 年）

高 3.8 厘米

1969 年上海市浦东路陆琛墓出土

上海市博物馆藏

和田白玉，润泽晶莹。玉童矮身大头，披短发，戴发箍。圆脸，大眼宽鼻、口绽笑意。衣飘起，右腿上曲。头后有一穿可系佩。做工粗放，代表明中期江南民间玉雕的水平及特点，可作鉴定标准器，具有重要的历史、艺术价值，定为国家馆藏贰级文物。

190　玉砚

明·洪武元年至二十二年（1368～1389 年）

长 16.2、通高 4.2、宽 9.2 厘米

1971 年山东省邹县朱檀墓出土

山东省博物馆藏

青玉，色不匀，有较多白点。砚作长方形，一端呈弧形。砚面四周起矮墙，一端有椭圆形砚池。较平，另一端稍翘起。砚底四角有孔鼻，用铁丝固定在木雕贴金四脚长方形座上。此砚当为朱檀生前喜爱之物，对研究明初石、玉砚有重要历史价值，定为国家馆藏贰级文物。

191　玉镂空花鸟纹带銙

明·嘉靖前期（1522～1544 年）

尾长 7.8、宽 3.3、厚 0.6 厘米

1955 年甘肃省兰州市上西园彭泽夫妇墓出土

甘肃省博物馆藏

青玉表面附着一层浅绛色沁。此玉带为嘉靖初年兵部尚书彭泽诰命夫妇墓出土，现存两件铊尾、4 件桃形銙、12 件长条形銙，共 18 件。均雕镂雉鸡牡丹纹。反映了明嘉靖时期镂空带銙的艺术面貌。出土地点准确，属主明确，年代可靠，可作鉴定标准器，具有重要的历史、艺术价值，全套按 1 件计，定为国家馆藏贰级文物。

193　玉竹节式执壶

明中期（1465～1544 年）

高 12.4、口径 8.5 厘米

故宫博物院藏

　　和田青玉，色不匀，微透明。壶体为三节竹筒式，流作竹枝形，分为五节，柄也作旁出的竹枝形，盘绕交错。平盖，上有一纽，纽为一长须老人背靠山石而坐，一手扶膝，一手执灵芝。此壶是明中期玉器款式中的一种。明代玉竹节壶较少，具有重要的历史、艺术价值，定为国家馆藏贰级文物。

192　玉鳜鱼衔莲藻佩

明·嘉靖二十三年（1544 年）

长 6.4、宽 2.7 厘米

1969 年上海市浦东路陆琛墓出土

上海市博物馆藏

　　和田玉，温润，多绺，色不匀。鳜鱼衔莲藻，属传统题材。用斜阴线交叉琢成菱形鳞纹，以阴线表现鳍尾和莲叶。做工简略。此佩为明中期民间用玉的代表，具有重要的历史、艺术价值，定为国家馆藏贰级文物。

194　玉桃形杯

明晚期（1545～1644 年）

高 6.1、口径 9.5 × 10.3 厘米

故宫博物院藏

　　青玉，色不匀，有绺和铁锈沁。器呈半桃形，镂空的枝叶环绕衬托桃杯，枝后一桃叶卷成环状作杯柄。口沿下琢阴文篆书四言诗："君颜如桃，把而饮之，似盛甘醴，断瑕甚璧。"底篆阴文"子冈制"三字款。此子冈款青玉桃形杯是考证子冈玉的重要资料，具有重要的历史、艺术价值，定为国家馆藏贰级文物。

195 玉菩萨

明晚期（1545～1644 年）

高 11.5、底长 8.1、宽 5.2 厘米

故宫博物院藏

和田青玉，色不匀，有绺，微透明。菩萨坐在兽背上，右足踏兽颈。下有椭圆形覆莲台座。头戴五瓣莲冠，佩璎珞，下裳肥阔，赤足。兽伏卧，回首张口嘶吼，其长尾垂于覆莲台上。此件可作晚明玉器的标准器，具有重要的历史、艺术价值，定为国家馆藏贰级文物。

196 玛瑙光素杯

清·雍正（1723～1735 年）

高 6.7、口径 10.5、足径 4.2 厘米

故宫博物院藏

乳白色，半透明，内含黑、褐、黄色。侈口、薄壁、敛腹、小圈足。足底琢阴文双竖行"雍正年制"篆款。器型秀美，琢磨圆润，反映了雍正时期宫廷玉器的特点，可作鉴定的标准器，具有重要的历史、艺术价值，定为国家馆藏贰级文物。

197　玉葫芦式执壶

清·乾隆（1736～1795 年）

高 20、长 15、宽 7 厘米

故宫博物院藏

和田青玉，有瑕斑，色不匀。壶身呈葫芦形，口较大，菌形盖上有活环纽。壶身琢隐起葫芦藤叶，碾琢精致。流下琢螭虎，流、口之间镂琢卷云相连，卷草形柄，既有外来文化的影响，又有明代执壶的遗风，两者构成了清代乾隆时期玉器的特征，具有重要的历史、艺术价值，定为国家馆藏贰级文物。

198 玉菊瓣盖碗

清·乾隆（1736～1795 年）

高 8.8、口径 13.5 厘米

故宫博物院藏

和田玉，微透明。碗壁极薄，器的盖、壁、足均琢成菊瓣形，圈足足心琢成网状花蕊，整体和谐，风格一致。这种薄胎菊瓣器皿工艺难度很大，是乾隆朝的特殊产品。具有重要的历史、艺术价值，定为国家馆藏贰级文物。

199 玉佛手式花插

清·乾隆（1736～1795 年）

高 16.1、口径 4.5～8.2 厘米

故宫博物院藏

和田黄玉，润泽，微透明。琢一立佛手，由十六指拢成，指端勾曲拈对，错落有致。此花插，构思巧妙，碾琢精细，加之世间所见黄玉较少，具有重要的历史、艺术价值，定为国家馆藏贰级文物。

200 玉菊瓣椭圆盒

清·乾隆 (1736～1795 年)

高 7.4、长 12.8、宽 11.3 厘米

故宫博物院藏

新疆绿玉，有浅色斑点。盒为椭圆形，盒与盖的外壁均琢凸起的长椭圆形变形菊瓣，顶嵌白玉连珠盖。盒底有矮椭圆形足，底刻一楷书"乙"字，为乾隆帝所定宫廷玉器的等级。此玉盒绿玉与白玉相嵌，形成鲜明的颜色对比。可作此类玉器定级的标准器，具有重要的历史、艺术价值，按 1 件计，定为国家馆藏贰级文物。

201 玉炉瓶盒三式

清·乾隆 (1736～1795 年)

炉高 12.2、长 8.5、宽 10.7 厘米，瓶高 9.7、宽 4.5、厚 2 厘米，盒高 2.6、口径 6.8、足径 5.2 厘米

故宫博物院藏

和田青玉，滋润，有瑕，微透明。炉鼓腹，兽首衔环耳，三短足。上有覆钵式盖，盖顶琢蟠龙形纽。配以贯耳兽面纹扁瓶和圆形双螭纹盒组成一套，俗称炉瓶盒三式。炉可焚香，瓶插铲、箸，盒盛香料，三式一套。此为原配的一套较为难得，具有重要的历史、艺术价值，全套按 1 件计，定为国家馆藏贰级文物。

202　玉镂空牡丹八宝纹花熏（附托座）

清·乾隆（1736～1795年）

高20.8、口径（腹径）14.1、足径8.3厘米

故宫博物院藏

深墨绿玉，色匀称。盖顶为宝珠纽，熏身琢成圆口斜腹高足碗形。镂空琢牡丹花。圈足下有白玉圆饼垫，并以镀金掐丝珐琅如意云头三足架和漆金三足盘承托。这件玉器与掐丝珐琅、铜鎏金附座等多种工艺品复合，反映了乾隆时代玉器的一种新趋势，具有重要的历史、艺术价值，全套按1件计，定为国家馆藏贰级文物。

203　玉有盖苍松图扁瓶

清·乾隆（1736～1795 年）

高 25.3、宽 11.8、厚 5.7 厘米

故宫博物院藏

　　新疆绿玉，含墨色点，色不匀，有绺。扁方体，口沿较厚、颈光素，两侧有镂空活环如意耳，腹正面琢苍松三株，背面有二株，寓泰山"五大夫松"之意。扁方形足，足内侧琢阴文隶书"大清乾隆仿古"六字款。上配光素盖，盖顶有长方形叠层纽。此壶虽自铭仿古，但在形式和装饰上，意在创新，具有重要的历史、艺术价值，定为国家馆藏贰级文物。

204 玉有盖瓜棱瓶

清·乾隆（1736～1795年）

高23.7、腹宽10、口径4.4×6.2、足径3.8×5.8厘米

故宫博物院藏

　　和田白玉，微透明。闪淡青色，局部含瓜瓤状白斑。壶身垂肩鼓腹，通身琢成瓜棱状。肩两侧各附活环蜻蜓耳，葵花式卧心足，内琢竖行阴文"乾隆年制"篆书款。有盖，盖纽为云纹扁圆形。造型新颖、简洁，为乾隆时期宫廷陈设玉器中的佳作，可作鉴定标准器，具有重要的历史、艺术价值，定为国家馆藏贰级文物。

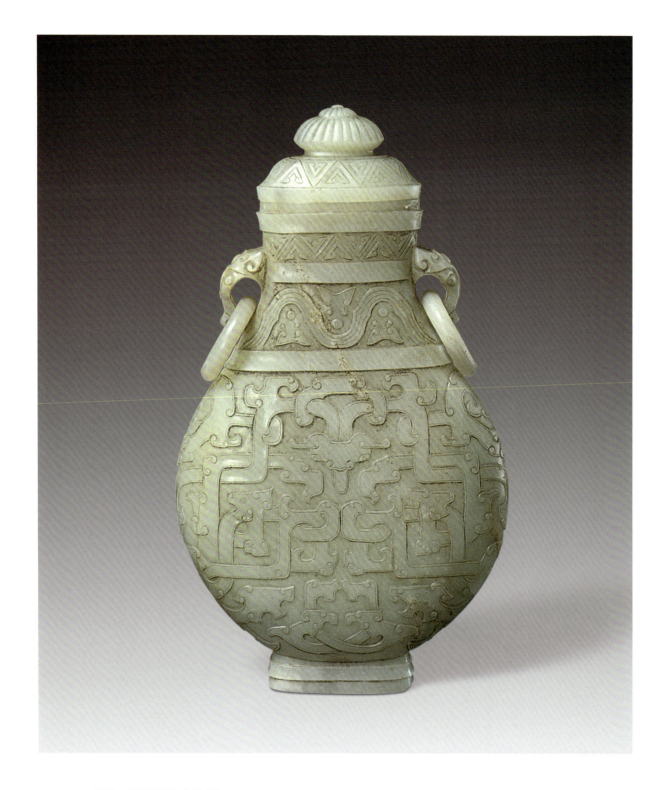

205　玉拐子纹扁体瓶

清·乾隆（1736～1795年）

高25.5、宽13、口径4.2×6.5厘米

故宫博物院藏

和田青玉，有瑕和裂绺。瓶颈两侧有活环耳，鼓腹，长方形足。有盖，盖上有菊瓣形纽，壶体装饰三角形连锁纹、云带纹、勾连螭虎拐子纹、勾连夔纹。足底阴刻楷书"大清乾隆仿古"。此瓶对研究乾隆时期仿古玉器，具有重要的历史、艺术价值，定为国家馆藏贰级文物。

206 玉"太平有象"

清·乾隆（1736～1795 年）

高 12、长 13.5、宽 4.4 厘米

故宫博物院藏

　　和田白玉，微透明，有瑕。象头饰璎珞，双牙尖微翘，长鼻向后卷，体方硕，腿短粗。象背覆毡，毡上饰蝙蝠纹、海水江崖纹。象背琢二童跪扶宝瓶。立象驮瓶是传统吉祥题材，寓意"太平有象"。这件象驮瓶增加二童子有创新之意，此器具有重要的历史、艺术价值，定为国家馆藏贰级文物。

207 玛瑙俏色桃蝠双孔花插

清·乾隆（1736～1795 年）

高 19.3、宽 22 厘米

故宫博物院藏

此花插有白、红、粉三色，其原料产于云南保山玛瑙山。以红色部分琢成桃树老干，中琢双孔可以插花；粉色部分琢成桃枝、桃及太湖石，上立白凤；以红玛瑙琢蝙蝠、灵芝，取"福寿双全"之意。有重要的历史、艺术价值，定为国家馆藏贰级文物。

208 巧作碧玺松鼠葡萄佩

清·乾隆至道光（1736～1850 年）

长 4.1、宽 3.7、厚 0.9 厘米

故宫博物院藏

碧玺，矿物学名电气石（Tourmaline）。清代所用碧玺来自缅甸、斯里兰卡等地。此佩以粉红色作松鼠，紫色作葡萄。孔系明黄绦带及翠珠 1 颗，米珠两组 20 粒。松鼠偷葡萄本是民间的艺术题材。此佩制作精美，粉、紫两色碧玺较为珍贵，巧作尤为少见。对研究清代宫廷宝石佩饰具有重要的历史、艺术价值，按 1 件计，定为国家馆藏贰级文物。

叁 级 文 物

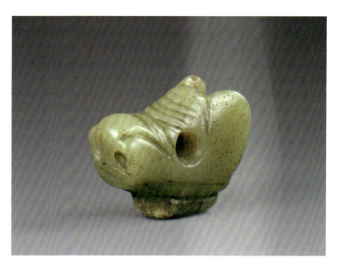

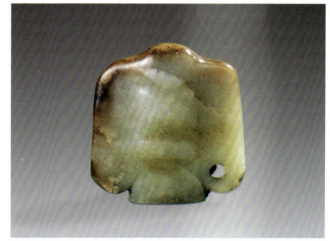

209 玉匕形饰

新石器时代中期（约公元前 4000 年）

长 7.1、宽 1.2 厘米

1980 年天津市宝坻县牛道口村采集

天津市宝坻县文化馆藏

　　白玉，带灰斑，长条形。一面有浅槽，一端穿孔，另一端有弧形刃。此种匕形饰在内蒙古敖汉旗兴隆洼、巴林右旗锡本包楞，辽宁阜新查海等新石器时代早、中期遗址中均有出土，多为佩饰或衣服上的缀饰。与兴隆洼遗址所出土匕形饰相同，对研究匕形饰的分布与传播有比较重要的历史价值，定为国家馆藏叁级文物。

210 玉猪首形佩饰

新石器时代——红山文化（约公元前 3500 年）

高 3.5、最宽 4.5、最厚 2 厘米

天津市文物局文物处藏

　　淡黄色，猪首形，耳下有横穿孔。额头有皱纹，鼻端有 2 个窝状鼻孔，颈下有短榫，属红山文化遗物。虽不是考古发掘品，但这种形制的佩饰较为少见，仍具有比较重要的历史、艺术价值，定为国家馆藏叁级文物。

211 玉鹰形佩

新石器时代——红山文化（约公元前 3500 年）

高 4.8、最宽 4.6、厚 0.6 厘米

天津市文物局文物处藏

　　白色，有淡黄色斑沁。制作简练，鹰作展翅状，左边翅膀下有一穿孔。玉鹰（鸟）在红山文化石棺墓中出土多件。此件为红山文化典型的肖形玉，具有比较重要的历史、艺术价值，定为国家馆藏叁级文物。

213　玉双联璧

新石器时代——江淮地区原始文化（约公元前4000～前2500年）

高5.7、最宽3、最厚0.2厘米

1979年江苏省海安县青墩10号墓出土

南京博物院藏

青绿色，带有褐斑。体扁平，呈双联环状，与红山文化遗址所出近似，唯形体略薄，是研究各原始文化之间相互影响的佐证，虽工艺简单，仍具有比较重要的历史、艺术价值，定为国家馆藏叁级文物。

212　玉兽面丫形器

新石器时代——红山文化（约公元前3500年）

长12.5、宽4.1厘米

天津市艺术博物馆藏

浅黄色，有褐斑和绺。丫形器面部有一对圆形眼，宽扁形阔口只存外廓，身上的皱纹不见，下端有穿孔。这类玉器出土和传世不多，具有比较重要的历史、艺术价值，定为国家馆藏叁级文物。

214　玉刀

新石器时代——龙山文化（约公元前 2500～前 2000 年）

长 36.4、宽 8 厘米

天津市艺术博物馆藏

　　青灰色。刀形狭长，双面直刃，近刀背处并列钻琢 3 孔，通体磨制光洁。此刀与陕西石峁遗址所出墨玉刀风格近似，虽左下角有残损，仍具有比较重要的历史、艺术价值，定为国家馆藏叁级文物。

215 玉半璧形璜

新石器时代——江淮地区原始文化（约公元前4000～前2500年）

高6、宽12.4厘米

1982年江苏省南京市营盘山30号墓出土

江苏省南京市博物馆藏

碧绿色，局部沁蚀呈白色。体扁平，形若半璧，外缘琢作宽锯齿形，锯齿排列间距整齐，与大溪文化、薛家岗文化所出玉璜风格一致。此件造型规整，具有比较重要的历史、艺术价值，定为国家馆藏叁级文物。

216 玉环

新石器时代——薛家岗文化（约公元前 3000～前 2500 年）

外径 8.5 厘米

1979 年安徽省潜山县河镇乡永岗村 54 号墓出土

安徽省文物考古研究所藏

白色，有土沁。体呈箍状，外壁略凹，素面，工艺简朴。此为考古发掘品，具有比较重要的历史、艺术价值，定为国家馆藏叁级文物。

217 圆形玉饰件

新石器时代——薛家岗文化（约公元前 3000～前 2500 年）

直径 2.2 厘米

1979 年安徽省潜山县河镇乡永岗村 5 号探方出土

安徽省文物考古研究所藏

浅黄色，有土沁。圆底拱面，底面有对钻圆孔，可以穿系。此器形体较小，做工简约，但有比较重要的历史、艺术价值，定为国家馆藏叁级文物。

218 玉锥形坠饰

新石器时代——江淮地区原始文化（约公元前 3000～前 2500 年）

长 4.2 厘米

1975 年江苏省阜宁县板湖乡陆庄 3 号墓出土

南京博物院藏

淡黄色。圆锥体，后端有短鼻，上有对钻小孔，可用来穿系。通体磨制光滑，未加纹饰。锥形饰在良渚文化遗址中多有发现，其功能用途不一，此件当是项饰组件中的单件，出土地点明确，具有比较重要的历史、艺术价值，定为国家馆藏叁级文物。

219　玉镯

新石器时代——大溪文化
（约公元前4400～前3300年）

直径7.5、厚0.6厘米

1982年湖南省华容县三封乡毛家村104号墓出土

湖南省岳阳市博物馆藏

乳白色，局部有土沁。体扁平，无纹饰。出土于墓主人左手部位，系佩戴于手腕的玉饰，并伴出有大溪文化陶器，时代确切。虽质地不佳，又已残断，但大溪文化遗存玉器不多，它仍具有比较重要的历史、艺术价值，定为国家馆藏叁级文物。

220　玉玦

新石器时代（约公元前4000～前3000年）

直径5.7厘米

天津市艺术博物馆藏

黄绿色，微透明，有牙黄色沁。断面呈椭圆形，光素，保留了原始琢玉工艺的特点。虽是传世品，但与新石器时代中前期各地所出玉玦风格一致，具有比较重要的历史、艺术价值，定为国家馆藏叁级文物。

221 **玉琮**

新石器时代——良渚文化

(约公元前 3300～前 2200 年)

高 4.2、宽 7.3 厘米

天津市艺术博物馆藏

棕黄色。矮方柱体，四角有简化人面纹。从底端射的残存高度看，上下不合比例，未保持原状。但仍具有比较重要的历史、艺术价值，定为国家馆藏叁级文物。

222 **玉戚**

商晚期（约公元前 14～前 11 世纪）

长 18、宽 8、厚 1 厘米

1979 年四川省广汉市高骈乡出土

四川省博物馆藏

青灰色，表面呈大理石纹理。整体呈长梯形，两侧较薄，弧形刃，近端处钻一圆孔，光素，仅在两侧琢出对称的齿牙 5 个。此器选材、做工都不精致，但商晚期有明确出土地点的玉戚发现不多，具有比较重要的历史价值，定为国家馆藏叁级文物。

223 玉柄形器

商（约公元前 16～前 11 世纪）

长 7.6、厚 0.5 厘米

1950 年河南省辉县琉璃阁 233 号墓出土

中国国家博物馆藏

鸡骨白色，有灰色沁斑。整体呈扁平长条形，首端留有切割痕迹。表面抛光，无纹饰。玉柄形器为商周常见器形，此件为商代中期墓葬所出，时代、地点明确，可作为柄形器的断代标准器，虽制作简约，仍具有比较重要的历史、艺术价值，定为国家馆藏叁级文物。

224 玉蝉

商晚期（约公元前 14～前 11 世纪）

长 1.9 厘米

1985 年山西省灵石县旌介村 1 号墓出土

山西省考古研究所藏

浅绿色，半透明。蝉的双目凸起，用阴线表现出头部和两翼。蝉的形象始见于新石器时代。到了商代，青铜器和玉器常饰有蝉纹，也有部分圆雕作品。此件玉蝉形体较小，技法写实，制作比较成功，是汉代蝉形玉的祖型，具有比较重要的历史、艺术价值，定为国家馆藏叁级文物。

225 玉璜

商晚期（约公元前 14～前 11 世纪）

长 3.7 厘米

1985 年山西省灵石县旌介村 1 号墓出土

山西省考古研究所藏

浅绿色，半透明。体呈半圆形，两端有孔，可佩戴。边角圆润，无纹饰，在考古资料和传世文物中玉璜较为常见。具有比较重要的历史价值，定为国家馆藏叁级文物。

226　玉斧

商晚期（约公元前14～前11世纪）

长10.4、宽4.3、厚0.7厘米

1974年河北省藁城县台西村79号墓出土

河北省文物研究所藏

青绿色，有灰白色斑，质粗，局部沁蚀。近长方形，弧刃，工艺简约，选材不佳。因系商墓所出，时代可靠，可作为断代标准器，具有比较重要的历史价值，定为国家馆藏叁级文物。

227　玉鱼

西周（公元前11世纪～前771年）

长8.2、宽2厘米

1980年陕西省西安市长安县沣镐遗址出土

陕西省西安市文物局藏

黄褐色。片状，长条形，头窄尾宽，圆目。琢平行线表示背鳍，鱼尾分叉，有刃。此种玉鱼在西周遗址和墓葬中常见出土，有的作为樟饰，在一个墓中四角即出土数十件之多。其制作简约，选材欠佳，但为研究西周葬制、葬俗的重要资料，具有比较重要的历史、艺术价值，定为国家馆藏叁级文物。

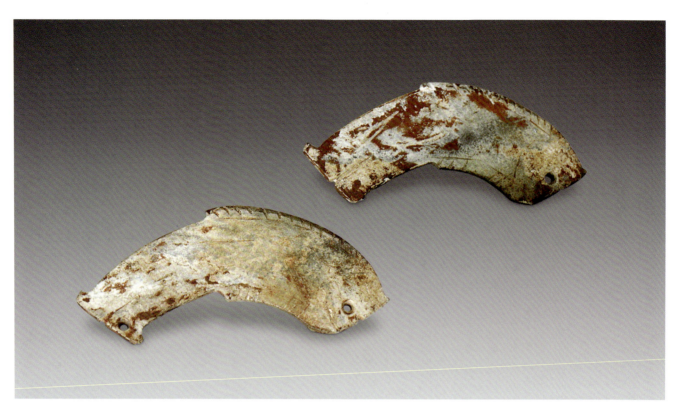

228 玉鱼

商晚期（约公元前14～前11世纪）

长3.3～3.6、宽7.6～7.7厘米

天津市艺术博物馆藏

白色，有涂朱痕迹。体弯曲如璜，头尾两端各有一孔，可佩系。鱼身上下边缘用平行线表示背鳍和腹鳍，尾端略外撇，与安阳小屯所出同类器相类，纹饰简约，能成对保存，具有比较重要的历史、艺术价值，按2件计，每件定为国家馆藏叁级文物。

229 玉鸟形佩

西周（公元前11世纪～前771年）

长3.8、高2.6、厚0.2厘米

1985年山东省济阳刘台子西周墓地6号墓出土

山东省文物考古研究所藏

青白色，半透明，质地莹润，局部有黄斑。片状，用勾撤法琢出圆眼、羽翼和爪。造型准确，纹饰简约，具有比较重要的历史、艺术价值，定为国家馆藏叁级文物。

230 玉贝

西周（约公元前11世纪～前771年）

长3、宽2.2、最厚0.8厘米

河南省新郑县出土

河南省新郑县文物保管所藏

青白色，局部有灰色沁斑。形仿天然海贝，上端有一穿孔，中间有一凹槽，无纹饰。在我国古代海贝曾作为商品交换媒介物使用，由于海贝的不足，兴起了仿制的铜贝、玉贝、石贝、骨贝。其中玉贝比海贝、铜贝数量少，遗存不多，具有比较重要的历史价值，定为国家馆藏叁级文物。

231 玉琮

西周（公元前11世纪～前771年）

高4.6、宽6.2厘米

天津市艺术博物馆藏

浅黄色，微透明，有褐斑和绺裂，琮体外方内圆，射沿有伤残，素面。此器为传世品，形制与陕西省西安市北关董家窑村出土的西周早期玉琮相近，具有比较重要的历史、艺术价值，定为国家馆藏叁级文物。

232 玉龙纹牌饰

西周（约公元前11世纪～前771年）

长5.8、宽1.9、厚0.2厘米

河南省信阳地区出土

河南省信阳地区文物保管委员会藏

青灰色，局部有白褐色斑沁。片状，长方体，用双阴线琢回首龙纹。具有比较重要的历史、艺术价值，定为国家馆藏叁级文物。

233 玉牌形饰件

春秋（公元前770～前476年）

长3.5、宽2.5厘米

1978年河南省淅川县下寺8号墓出土

河南省文物考古研究所藏

白玉，有沁斑，长方形，片状。四边起牙脊，两短边各琢有两个圆孔，以便串缀。器表面饰双阴线云纹。此件春秋中期的玉饰件，工艺虽不复杂，但较少见，具有比较重要的历史、艺术价值，定为国家馆藏叁级文物。

234 玉玦

春秋（公元前770～前476年）

直径4.1、孔径1.5厘米

天津市艺术博物馆藏

白玉，有褐色沁斑。片状，用阴线琢龙纹。此类玦较多见，具有比较重要的历史、艺术价值，定为国家馆藏叁级文物。

235 玉璧

　　春秋（公元前770～前476年）

　　外径11.9、孔径5.5、厚0.15～0.3厘米

　　1979年河南省固始县侯古堆1号墓出土

　　河南省文物考古研究所藏

　　黄色，有灰褐斑。体扁平，素面，碾琢不均匀。器形较为常见，但为春秋墓所出，具有比较重要的历史价值，定为国家馆藏叁级文物。

236 玉璜

春秋（约公元前 770～前 476 年）

长 9、宽 3.5、厚 0.3 厘米

1979 年河南省固始县侯古堆 1 号墓出土

河南省文物考古研究所藏

浅黄色，有青褐色沁斑和绺裂。片状，扇形，两端和中部各有一个穿孔，可以佩系。无纹饰，一角略残，玉料欠佳。系春秋墓所出，具有比较重要的历史、艺术价值，定为国家馆藏叁级文物。

237 玉圭

战国（公元前 475～前 221 年）

长 18.8、宽 5.8 厘米

1950 年河南省辉县固围村 1 号祭祀坑出土

中国国家博物馆藏

灰白色，杂有黑褐斑。方邸，三角形射。通体光素无纹。器表留有绢帛残片，可知当初此器是用绢帛包裹而埋入祭祀坑的。系考古发掘品，埋藏状况清楚，对探讨东周礼器有比较重要的历史价值，定为国家馆藏叁级文物。

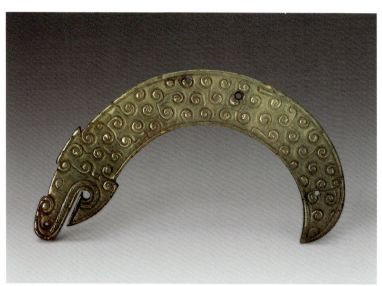

238 玉谷纹龙

战国（公元前 475～前 221 年）

高 4.3、长 8.2 厘米

天津市艺术博物馆藏

青色，有黑褐色沁斑。身似璜形，龙背拱起，装饰有谷纹，形体较小，做工简约，具有比较重要的历史、艺术价值，定为国家馆藏叁级文物。

239 玉谷纹环

战国（公元前 475～前 221 年）

直径 8.3、孔径 5.1 厘米

天津市艺术博物馆藏

青色，有黑褐色沁斑。环体两面碾琢谷纹。做工简约，形体较小，为传世品，具有比较重要的历史价值，定为国家馆藏叁级文物。

240 玉璧

战国中期（约公元前 400 年）

直径 13 厘米

1974 年河北省平山县中山国 1 号墓陪葬墓出土

河北省文物研究所藏

青色，半透明。体扁平，两面均琢卧蚕纹，内外缘琢弦纹。此璧为考古发掘品，年代确切，反映了中山国玉器面貌，虽边缘有残，仍具有比较重要的历史价值，定为国家馆藏叁级文物。

241 玉虎（一对）

秦（公元前221～前207年）

长11.5、高4厘米

1971年陕西省西安市北郊联志村秦墓出土

陕西省西安市文物局藏

绿色，灰暗有绺。片状，呈侧视虎形。口、眼、耳、足、爪、尾均用细阴线表现。做工虽简约，但墓葬年代准确，可作为鉴定标准器，有比较重要的历史、艺术价值，按2件计，每件定为国家馆藏叁级文物。

242 玉剑首

战国（公元前475～前221年）

1955年四川省成都市羊子山172号墓出土

四川省博物馆藏

黄白色，微透明，有浅褐色沁斑。体扁圆形。正面以索纹隔为内外两区。内区饰旋涡纹，外区饰简化的凤纹和网格纹。背面有阴刻圆圈和3对穿孔，用以装剑茎。此为有确切地点的战国墓所出，可作为断代的标准器，具有比较重要的历史价值，定为国家馆藏叁级文物。

243 玉勾连云纹带钩

西汉·景帝前元三年至武帝元鼎四年（公元前154～前113年）

长6、厚1.3厘米

1968年河北省满城县陵山刘胜墓出土

河北省博物馆藏

和田白玉，质地细腻，微透明。钩头琢作蛇首，腹端阴琢勾连云纹，背有圆角长方纽。对研究西汉诸侯日常用玉器具有比较重要的历史价值，定为国家馆藏叁级文物。

244 玉蒲席地卧蚕纹璧

西汉·武帝元狩五年至太初元年(公元前118～前104年)

外径15.3、孔径4.7、厚0.4厘米

1968年河北省满城县陵山窦绾墓出土

河北省博物馆藏

青绿色,有水锈斑。璧面饰蒲席地卧蚕纹。出土于窦绾玉衣内胸部,为殓葬用玉。对研究西汉初期诸侯王的殓玉制度,具有比较重要的历史价值,定为国家馆藏叁级文物。

245 玉猪

西汉·武帝天汉四年至后元二年(公元前97～前87年)

长12、宽2、高2.6厘米

1977年山东省巨野县红土山汉墓出土

山东省巨野县文物管理所藏

表面呈垩白色。猪作卧伏状,平底,鼻部琢3道阴纹,尖耳凸起,四足用粗阴线表现,背侧饰细阴线涡纹。玉猪当为墓主之玉握,多成双,是古代常见殓玉的一种。这两件玉猪时代明确,可作鉴定标准器,有比较重要的历史、艺术价值,按2件计,每件定为国家馆藏叁级文物。

246　玉龙首觿

西汉中期（公元前118～前
69年）

长11.8、宽2、厚0.3厘米

1972年江苏省铜山县小龟山
西汉墓出土

南京博物院藏

青色，多裂纹，玉质不佳。牙形，
薄片状，首端琢作龙头形，鼻后有一
穿。身弯弧，尾部尖锐。头身琢细阴
线卷涡纹。纹饰、做工较为简约，但
时代明确，可作鉴定标准器，具有比
较重要的历史、艺术价值，定为国家
馆藏叁级文物。

247　玉鹅首带钩

西汉中期(公元前118～前69年)

长6.2厘米

1972年江苏省铜山县小龟山
西汉墓出土

南京博物院藏

青白色，腹端微伤，钩首与颈有
琥珀色沁。鹅首状钩头，眼用阴线表
现，其他部位光素，背后有长方形
纽。具有比较重要的历史价值，定为
国家馆藏叁级文物。

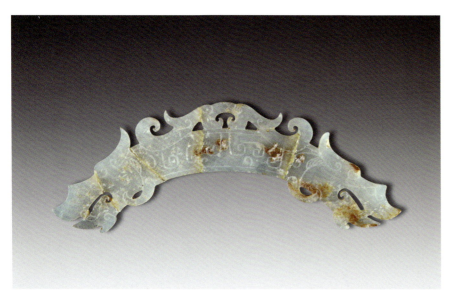

248　玉双龙首璜

西汉·宣帝五凤三年（公元前55
年）之前

长10.8厘米

1973年河北省定州市40号墓出土

河北省文物研究所藏

青白色，有多处铁锈色沁斑。薄
片拱形。两端成对称的龙首形，口微
张，卷舌，背部镂空卷草纹，可佩系。
细部均琢阴线，出土时断为5块，粘
接后尚完整。此器为特制殉葬用玉，
有比较重要的历史价值，定为国家
馆藏叁级文物。

250　玉司南佩

　　东汉·顺帝永和六年至灵帝熹平三年（公元141～174年）

　　高3、宽2.3厘米

　　1969年河北省定州市43号东汉墓（中山穆王刘畅墓）出土

　　河北省定州市博物馆藏

　　和田白玉。琢作两个相连的扁方形，中间凹处有一个横穿孔，一端顶部琢一勺，勺柄之间有一个穿孔，另一端有椭圆形凸起。这种佩习称"司南佩"。其形体较小，但墓葬年代确切，可作鉴定标准器，有比较重要的历史、艺术价值，定为国家馆藏叁级文物。

249　玉舞人佩

　　西汉·宣帝（公元前73～前49年）前后

　　长3.8、宽1.9厘米

　　1982年江苏省苏州市石桥村二号墓出土

　　江苏省徐州博物馆藏

　　青灰色，薄片长方形。随形酌作长袖舞动之状。五官、衣襟、袖端均用粗阴线表现。为殉葬所制的玉器，虽做工较为潦草，但具有比较重要的历史、艺术价值，定为国家馆藏叁级文物。

251　玉猪

　　东汉（公元25～220年）

　　长11.5、高2.6厘米

　　1979年安徽省亳州董园村1号东汉墓出土

　　安徽省亳州市博物馆藏

　　绿色，玉质尚好。长方体，两端截平，粗具猪的形状。眼、肘、足、臀、尾均用或粗或细的阴线表现，这种技法又称"汉八刀"。因其墓葬年代明确，可作为鉴定标准器，有比较重要的历史、艺术价值，定为国家馆藏叁级文物。

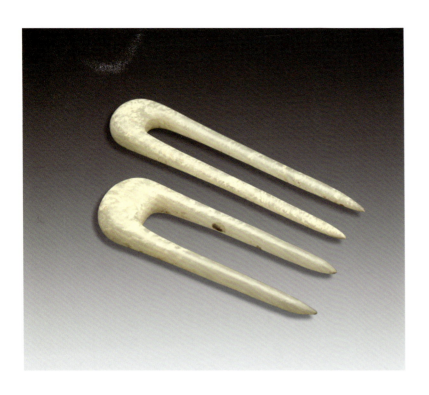

252 玉钗

唐（公元618～907年）

长7.6、宽1.7厘米

1976年陕西省西安市西郊西安电缆厂唐墓出土

陕西省西安市文物局藏

白色，微透明。顶端为拱形，钗股尖直。通体光素，为唐代妇女头饰。具有比较重要的历史、艺术价值，按2件计，每件定为国家馆藏叁级文物。

253 玉佩

五代·南唐·元宗保大元年至交泰元年（公元943～958年）

长9.1、高4.5、厚0.5厘米

1951年江苏省江宁东善桥祖堂山南唐李璟墓出土

南京博物院藏

青白色，内含白脑。佩上缘起五连，中弧下有穿孔，两侧斜直，下缘平齐，多处残伤。光素。此佩做工简约，年代明确，可作鉴定标准器，有比较重要的历史价值，定为国家馆藏叁级文物。

254 玉镯

北宋(公元960~1127年)

外径9.5、内径6.7、厚2厘米

1969年河北省定州市静志寺真身舍利塔塔
基出土

河北省定州市博物馆藏

和田青白玉,润泽晶莹。截面呈半圆形,做
工规整,抛光细腻。光素。无纹饰的玉器不易
断代,此玉镯下限明确(北宋太平兴国二年),
可作鉴定标准器,具有比较重要的历史价值,
定为国家馆藏叁级文物。

255 玉双孔雀纹梳背

五代 (公元907~960年)

长5.7、宽2、厚0.2厘米

故宫博物院藏

青白色,土黄色沁,有绺。上拱下平,边框起宽阳线,内减地隐起展翅双孔雀。在传世玉器中
不多,具有比较重要的历史、艺术价值,定为国家馆藏叁级文物。

256 玉龟

北宋（公元960～1127年）

长2.2厘米

1969年河北省定州市静志寺真身舍利塔塔基出土

河北省定州市博物馆藏

两龟分别用和田青玉和白玉制作，莹润。龟首、足、尾微伸，背刻甲纹，腹钻2孔，可穿系。这2件玉龟是敬献给佛塔的供物。制作的下限时间明确（北宋太平兴国二年），可作鉴定标准器，具有比较重要的历史、艺术价值，按2件计，每件定为国家馆藏叁级文物。

257 玉云雁纹饰

北宋（公元960～1127年）

长3.5厘米

1981年陕西省西安市长安县韦曲出土

陕西省西安市文物局藏

和田青玉。椭圆形。减地隐起云雁纹，雁展翅飞翔，尾部有长条形孔。羽纹用粗、细两种阴线表现。云头、雁翅、喙尖稍缺，当为旧器改作，有比较重要的历史、艺术价值，定为国家馆藏叁级文物。

258 玉笔架

南宋（1127～1279 年）

长 10.5、高 2.3、宽 1.1 厘米

1974 年浙江省衢州市王家乡瓜园村史绳祖墓出土

浙江省衢州市博物馆藏

和田青玉，内含墨点，绺裂。笔架呈细长梯形，上窄下宽，上琢 3 个凹槽形成四山形，两侧琢海涛纹，寓意海水江崖。下限为咸淳十年（公元 1274 年），是研究文房用具的宝贵资料，具有比较重要的历史价值，定为国家馆藏叁级文物。

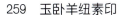

259 玉卧羊纽素印

南宋·度宗咸淳十年（1274 年）

通高 3.1、兽纽高 2、印台高 1.1、面长宽均 3.2 厘米

1974 年浙江省衢州市王家乡瓜园村史绳祖墓出土

浙江省衢州市博物馆藏

和田白玉，莹润，微透明。卧羊纽，羊腹下镂孔，可系佩。印台呈扁方形，四角抹圆，无印文。此印制作下限明确，可作鉴定标准器，具有比较重要的历史价值，定为国家馆藏叁级文物。

260 玉牡丹花饰

辽（公元 907～1125 年）

高 2.4、宽 2、厚 0.6 厘米

1950 年辽宁省阜新县清河门辽墓出土

辽宁省博物馆藏

玉质纯白滋润。中间琢牡丹花，两侧各配一叶，细部用粗阴线表现，背面磨平，有 3 个象鼻孔，可连缀。其构思巧妙，系辽玉中的佳品，具有比较重要的历史、艺术价值，定为国家馆藏叁级文物。

261 玛瑙花口碗

辽（公元 907～1125 年）

高 5.4、口径 14.4 厘米

1950 年辽宁省阜新县清河门出土

辽宁省博物馆藏

乳白色，有闪黄丝纹，微透明。碗为六瓣花形，矮圈足略内收。器型与辽代金银器、瓷器类似，碗口有伤。出土地点明确，可作鉴定标准器，具有比较重要的历史、艺术价值，定为国家馆藏叁级文物。

262 玉荷叶鱼坠

金（1115～1234年）

长4、宽2.7厘米

1980年陕西省西安市谭家乡范家寨出土

陕西省西安市文物局藏

象牙白色。荷叶上卧一鱼。圆眼，口衔柳叶。阴线交叉组成鱼鳞，尾鳍用斜阴线表现，荷叶上部琢一穿孔，可供系佩。具有比较重要的历史、艺术价值，定为国家馆藏叁级文物。

263 玉双鹿带环

辽至金（公元907～1234年）

长5.9、宽3.5、厚0.8厘米

故宫博物院藏

深青色，有蚀。扁长方形，下方有一个扁环，正面减地琢出凸起树下双鹿图，属"秋山"题材。背面四角有象鼻孔，可与鞓系结。具有比较重要的历史、艺术价值，定为国家馆藏叁级文物。

264 玉镂空双鹿牌饰件

金（1115～1234年）

高3.5、底宽3.9厘米

1974年黑龙江省绥化奥里米古城周围墓葬出土

黑龙江省博物馆藏

白色，局部有沁。牌饰呈三角形，两边各琢一树，两树相交。树下镂空琢二鹿，一牝一牡，牡鹿上方有一雁，树叶碾琢简约。应为女真"秋山玉"系统。其出土地点明确，时代准确，民族特色鲜明，具有比较重要的历史、艺术价值，定为国家馆藏叁级文物。

265　玉婴戏坠

元（1271～1368 年）

高 5.8、宽 3.5 厘米

1979 年陕西省西安市北郊六村堡出土

陕西省西安市文物局藏

鸡骨白色，有密集槽坑。取童子相背，呈嬉戏之态。童子身穿圆领宽袖长衫，腰系带。属宋元时流行的婴戏题材。具有比较重要的历史、艺术价值，定为国家馆藏叁级文物。

266　玉雁

元（1271～1368 年）

长 5 厘米

1965 年陕西省西安市南郊东何家村出土

陕西省西安市文物局藏

青白色，表面有水锈斑。玉雁立体，翅、尾均用细阴线表现。回首，振翅，姿态生动，具有比较重要的历史、艺术价值，定为国家馆藏叁级文物。

267 玉雁柄杯

元（1271～1368年）

高6.5、口径4.5～7.4厘米

故宫博物院藏

和田青玉，有绺和白脑。整体琢成鸿雁负杯形。斜直腹，杯口椭圆，平底。雁在杯底，回首贴于杯壁成杯柄。杯身琢出阴线荷叶、荷花和鸳鸯，底琢漩涡纹，具有比较重要的历史、艺术价值，定为国家馆藏叁级文物。

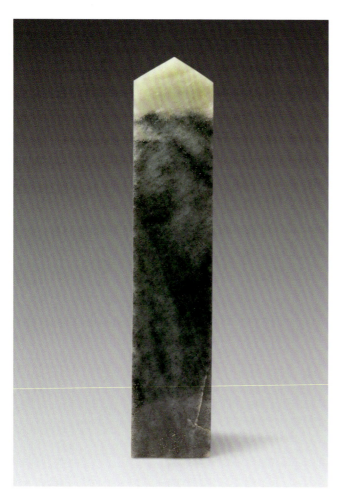

269 玉蟠螭纹圆牌饰

元（1271～1368 年）

直径 3.9、厚 0.4 厘米

1965 年陕西省西安市南郊东何家村出土

陕西省西安市文物局藏

玉表附着一层沁。圆片状。牌面隐起蟠螭纹，蟠螭的尾分三歧，上有一弧形孔，下有一穿。此牌饰做工简略，对研究元代螭虎形象和琢玉工艺，有比较重要的历史、艺术价值，按 2 件计，每件定为国家馆藏叁级文物。

268 玉圭

明·洪武元年至二十二年（1368～1389 年）

长 29.6、宽 6、厚 1 厘米

1971 年山东省邹县朱檀墓出土

山东省博物馆藏

呈不均匀的黑白两色，有绺。圭身细长，射作三角形，方邸。通体光素。具有比较重要的历史价值，定为国家馆藏叁级文物。

270 玉回首卧羊

明·嘉靖元年至十六年（1522～1537 年）之前

最宽处 7.2、厚 0.8 厘米

1972 年江西省南城县洪门乡朱祐槟夫妇墓出土

江西省博物馆藏

表有一层水锈斑，二卧羊作回首状。眼、口、腿、脊毛、蹄均用短阴线表示。背有一穿，可系佩。工艺古朴，有准确出土地点及墓主。具有比较重要的历史价值，按 2 件计，每件定为国家馆藏叁级文物。

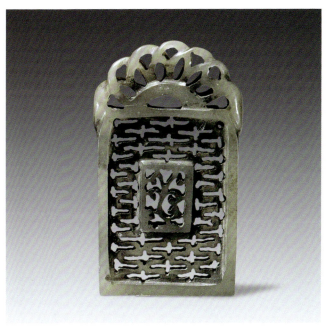

272　玉镂空佩

　　明·嘉靖元年至二十三年（1522～1544年）

　　长4.1、宽2.4厘米

　　1969年上海市浦东路陆琛墓出土

　　上海市博物馆藏

　　白色，微透明。佩的主体由大小两方框相套，内框镂空琢灵芝草纹，外框与内框间连续镂空十字和丁字，顶部镂空作七弧缘环。此佩的形制反映了明中晚期玉佩的特点，具有比较重要的历史、艺术价值，定为国家馆藏叁级文物。

271　玉谷纹圭

　　明·嘉靖元年至十六年（1522～1537年）

　　长15.2、宽5.1、厚0.8厘米

　　1972年江西省南城县洪门乡朱祐槟夫妇墓出土

　　江西省博物馆藏

　　青玉，呈上宽下窄的长条形。面琢5行谷纹，故称谷纹圭。此圭出于明益端王朱祐槟妃彭氏头部左侧，对研究明代王室玉圭使用及琢制工艺，具有比较重要的历史价值，定为国家馆藏叁级文物。

273　玉镂空龙纹带銙

　　明晚期（1545～1644年）

　　边长7、宽4.5厘米

　　1979年陕西省西安市征集

　　陕西省西安市文物局藏

　　玉表有一层水锈。扁长方形，双层镂雕。上层镂琢一龙，盘曲腾跃。龙下为海水江崖，间有钱、胜、锭等杂宝。衬以缠枝灵芝纹，下层为连续卷草纹。具有比较重要的艺术价值，定为国家馆藏叁级文物。

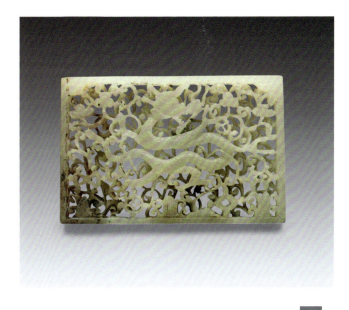

274　玉佩

明·万历元年至三十一年（1573～1603年）

通长66厘米

1979年江西省南城县岳口乡明益宣王墓出土

江西省博物馆藏

由青玉和古玉等多种玉材组合而成。共2组，每组由银提、玉珩、琚和2璜、冲牙、4个玉滴及302粒玉珠缀联而成。玉珩、冲牙上有蒲纹和双勾阴线，可知其利用西汉玉璧残片制成。这两组为一副玉佩，为明益宣王朱翊的葬玉，具有比较重要的历史、艺术价值，一副按1件计，定为国家馆藏叁级文物。

275　玉坐佛像

　　明（1368～1644 年）

　　高 6.9、长 4.7、宽 3 厘米

　　中国文物信息咨询中心藏

　　和田青玉，内含白脑。坐佛碾琢简略，为供养佛像。具有比较重要的历史、艺术价值，定为国家馆藏叁级文物。

276　玉福禄寿牌饰

　　明（1368～1644 年）

　　长 6.3、宽 5.9、厚 0.8 厘米

　　故宫博物院藏

　　青白色，滋润晶莹。器面琢隐起寿星。着宽袖长袍，双手分别执杖和灵芝，寿星身前琢鹿含灵芝，身后有蝙蝠飞翔，寓意福、禄、寿。有孔数处，可供佩系。其做工粗略，具明代晚期特点，具有比较重要的历史、艺术价值，定为国家馆藏叁级文物。

277 玉太狮少狮水丞

明（1368～1644 年）

高 6、长 13.8、宽 7 厘米

中国文物信息咨询中心藏

青色，含白脑，多绺裂。卧狮前足处有一只幼狮，寓"太师少师"之意。水丞的口在狮背上，腹腔较浅。盖上琢狮纽。水丞做工粗糙，留下多处碾砣痕，为明末治玉的一般水平，具有比较重要的历史价值，定为国家馆藏叁级文物。

278 玉麒麟

明晚期（1545～1644 年）

通身高 9.7、长 14.3、前足宽 5.6 厘米

故宫博物院藏

青玉，质干，有绺及铁锈点。麒麟方头，双角斜立脑后，暴睛翘鼻，张口露齿，嘴角钻透孔。颈粗身短，饰大鳞片。尾上翘，四足作欲跃状。碾琢简略，对研究明代制玉工艺，具有比较重要的历史价值，定为国家馆藏叁级文物。

279 玉莲菊纹灵芝耳杯

明中期（1465～1544 年）

高 5.8、口径 11 厘米

故宫博物院藏

和田山料玉，色不匀，多绺，微透明。杯侈口，阔腹，圈足。两侧琢镂空双灵芝耳。腹外壁一面琢隐起缠枝莲，另一面琢隐起牡丹菊花。单花大叶是明中晚期玉质器皿的特点，此是其中一例。具有比较重要的历史、艺术价值，定为国家馆藏叁级文物。

280　玉兽面纹唾盂

清·乾隆（1736～1795 年）

高 5.2、口径 9.7 厘米

故宫博物院藏

　　和田白玉，滋润有绺，有烤色。盂的口沿侈张、束颈、小圆肩、深腹、圈足。颈外缘碾琢 12
个变形蝉纹，腹外壁有 4 个半圆形开光，开光内隐起变形兽面纹，圈足有弦纹 1 周。唾盂为小件
生活用器皿，具有比较重要的历史价值，定为国家馆藏叁级文物。

281　玉镂空蟠螭佩件

清·乾隆（1736～1795 年）

长 7.3、宽 6.3、厚 1.8 厘米

故宫博物院藏

　　和田白玉，多绺。镂空琢盘曲成环形的蟠螭。头、
足、身、尾绺纹处均有琥珀色沁。此佩应为清代碾琢
的仿古玉制品。具有比较重要的历史、艺术价值，定
为国家馆藏叁级文物。

282 玉梅石图委角方形笔筒

清·乾隆至道光（1736～1850年）

高15、口宽13、底宽13.9厘米

故宫博物院藏

　　和田青玉，有瑕斑及重绺。笔筒两面琢凸起的坡石梅树，树前植二株芍药，做工较细。具有比较重要的历史、艺术价值，定为国家馆藏叁级文物。

283 玉牡丹纹镯

清·乾隆至道光（1736～1850年）

长7.7、宽7、高1.4厘米

故宫博物院藏

一对，和田白玉镯。玉镯呈椭圆
形，镯上琢阴线回纹和隐起牡丹花叶
纹，花叶分为6组，每组中心为1朵盛
开的牡丹花。构思巧妙，具有比较重要
的历史、艺术价值，一对按1件计，定
为国家馆藏叁级文物。

284 玉镂空双凤佩

清（1644～1911年）

高7.1、宽3.9、厚0.5厘米

故宫博物院藏

和田白玉，色不匀。佩中部有一椭圆形长牌，两侧有相
对而立口衔灵芝的凤鸟。其形制、纹饰对研究清代晚期玉器
具有比较重要的历史价值，定为国家馆藏叁级文物。

286　玉嵌宝石卧兔

清·乾隆至嘉庆（1736～1820 年）

高 8.5、长 13.3、宽 5.1 厘米

故宫博物院藏

和田青玉，滋润，有白脑。兔眼嵌粉碧玺，身伏卧，四肢收屈。口衔灵芝，上嵌各色宝石 8 颗。玉嵌宝石工艺始见于唐，至清又受到痕都斯坦玉器的影响，此件对研究玉器镶嵌工艺，具有比较重要的历史、艺术价值，定为国家馆藏叁级文物。

285　玉镂空万寿扁方簪

清·乾隆至道光（1736～1850 年）

长 32.1、宽 2.95、厚 0.3 厘米

故宫博物院藏

和田白玉。扁长条形，一端圆弧，另一端卷成圆柱形，柱的截面呈梅花形。此扁方簪是清代满族妇女的发饰，镂琢复杂，做工精细，具有比较重要的历史、艺术价值，定为国家馆藏叁级文物。

287 **玉龙头螭虎带钩**

清（1644～1911年）

长13.5、高3.3、宽2.5厘米

中国文物信息咨询中心藏

和田青玉，晶莹。钩头琢作龙首形，双角后倾，长眉，双目突出，口微张。腹面饰镂空螭虎，头与龙首相对，尾细卷，带钩下有椭圆形纽。此类带钩清代较多见，可作鉴定标准器，具有比较重要的历史、艺术价值，定为国家馆藏叁级文物。

一般文物

288 玉璜

新石器时代——薛家岗文化（约公元前3000～前2500年）

直径10.6厘米

1979年安徽省潜山县河镇乡永岗村32号墓出土

安徽省文物考古研究所藏

浅黄色，受土沁有褐色斑。半璧形，器表光素，上端有3个穿孔，排列不匀。周边残缺，有断裂。做工简略，因系薛家岗文化墓地所出，年代可靠，具有一定的历史价值，定为国家馆藏一般文物。

289 玉柱形器

新石器时代——良渚文化（约公元前3300～前2200年）

直径3.6、高3.6厘米

天津市艺术博物馆藏

浅黄色，有褐斑。圆柱体，柱中有对钻的纵向贯孔，孔内壁存原始工艺钻错位的痕迹。此器原为素面，出土后又有人加刻神人兽面纹两组，是鉴定古玉后琢纹饰的证物，具有一定的历史价值，定为国家馆藏一般文物。

290 玉锥形饰

新石器时代——良渚文化（约公元前3300～前2200年）

长5.4、宽0.6厘米

天津市艺术博物馆藏

青色，有褐斑。器呈方锥体，一端有扁榫，上琢横穿孔；另一端如锥，素面。单件锥形饰是玉串饰中的组件之一，较为常见，具有一定的历史价值，定为国家馆藏一般文物。

291 残玉镯

新石器时代——大汶口文化（约公元前4300～前2500年）

边长6.1～6.4、宽2.2、厚0.4～1厘米

1975年山东省茌平城关镇尚庄村出土

山东省文物考古研究所藏

青色。略呈椭圆形，外圈呈圆角方形。此为大汶口文化玉镯独具的特点之一。时代风格和出土地点都很明确，但镯体残断缺一角，保存状况不佳，具有一定的历史价值，定为国家馆藏一般文物。

292 玉四孔刀

新石器时代——龙山文化（约公元前 2500～前 2000 年）

长 48、宽 13 厘米

1969 年山东省日照县两城镇出土

山东省博物馆藏

青绿色，有褐色沁斑。刀作长方形，双面刃，前端残缺过半。近刀背处有 3 孔，尾端近刃部有一孔。虽残缺过多，但仍具有一定的历史价值，定为国家馆藏一般文物。

293 玉花卉纹梳背

五代（公元 907～960 年）

长 12、宽 3.8、厚 0.2 厘米

故宫博物院藏

白色，有沁。中部断裂残缺。梳背为阳线边框，内减地隐起折枝花，细部用短阴线表现。玉梳虽残，仍具有一定的历史价值，定为国家馆藏一般文物。

294　玉荷叶形提头

明·嘉靖初年（1522～1544年）

长14.7、宽2.8、厚0.6厘米

1955年甘肃省兰州市上西园彭泽夫妇墓出土

甘肃省博物馆藏

青色，表面有沁。提头作荷叶状，叶边卷成连弧形，用细阴线表现叶脉，上边钻2孔，下边钻4孔。做工一般，具有一定的历史价值，按2件计，每件定为国家馆藏一般文物。

295　玉菊花牌片

明晚期（1545～1644年）

直径5.5、厚0.7厘米

江苏省无锡市博物馆藏

青色，尚晶莹，有绺。玉牌作16瓣菊花形，花瓣凹下，背面菊花瓣上饰阴线菊叶纹。这类花瓣牌传世较多，具有一定的历史价值，定为国家馆藏一般文物。

296　玉蝴蝶佩

明（1368～1644年）

长6、宽8.5厘米

中国文物信息咨询中心藏

和田青玉，玉质晶莹。佩为薄片状，厚薄不匀。佩正面用隐起技法表现展翅蝴蝶，用流畅的细阴线表现细部。为妇女佩饰，具有一定的历史、艺术价值，定为国家馆藏一般文物。

297　玉兽

明（1386～1644 年）

身长 8、高 5.7 厘米

中国文物信息咨询中心藏

青白色，其形制仿汉玉辟邪，且异兽与"益寿"谐音。此类玉兽传世品较多，具有一定的历史、艺术价值，定为国家馆藏一般文物。

298　玉二龙戏珠手镯

明（1368～1644 年）

外圈直径 7.8、内圈直径 5 厘米

中国文物信息咨询中心藏

青白色。琢作二龙戏珠状。为晚明以后常见的手镯形式，具有一定的历史、艺术价值，定为国家馆藏一般文物。

299　玉双耳乳丁纹杯

明（1368～1644 年）

长 8、高 2 厘米

中国文物信息咨询中心藏

白色，有沁。杯矮身，圆口，双耳。杯身饰乳丁纹。此种玉杯存世较多，为明代晚期所制，具有一定的历史、艺术价值，定为国家馆藏一般文物。

300　玉雕花执壶

明（1368～1644 年）

体高13、宽10.5、口径5.5厘米

中国文物信息咨询中心藏

白色，经作旧。失盖，流稍残，执柄折曲。外壁琢玉兰花纹。此器玉质不佳，工艺粗糙，为民间用器。具有一定的历史、艺术价值，定为国家馆藏一般文物。

301　玉兽面纹双耳炉

明（1368～1644 年）

通长18、高6.3、口直径13厘米

中国文物信息咨询中心藏

青色。颇显熟旧。圆口，矮身，两侧有双耳，出戟，外壁饰兽面纹，圈足。风格粗率，属晚明期工艺，此种仿古玉器存量较多，具有一定的历史、艺术价值，定为国家馆藏一般文物。

302 玉仿古方尊

　　明（1368～1644 年）

　　高 18.8、口径 5.6×4.8 厘米

　　中国文物信息咨询中心藏

　　青色。仿古代青铜礼器，出戟，饰蕉叶纹、兽面纹、琢制粗率。这种工艺粗糙的器物在晚明期较为多见，为晚明时期民间室内陈设品，具有一定的历史、艺术价值，定为国家馆藏一般文物。

303 玉镂雕坐佛

　　明（1368～1644 年）

　　高 5.3、宽 4 厘米

　　中国文物信息咨询中心藏

　　和田白玉。佛坐于龛内，双手相对，结跏趺坐。火焰纹背光绕身。其做工简略。具有一定的历史、艺术价值，定为国家馆藏一般文物。

304 玉螭纹璧

　　明（1368～1644 年）

　　直径 8.2 厘米

　　中国文物信息咨询中心藏

　　青色。压地隐起双螭虎，两相对视，为明代仿古制品。具有一定的历史、艺术价值，定为国家馆藏一般文物。

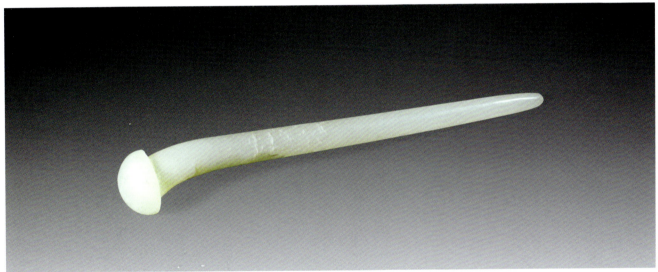

305　玉簪

明（1368～1644 年）

长 17.3 厘米

中国文物信息咨询中心藏

　　白色，头如蘑菇形，弯颈，为明代男子所用。造型和琢制工艺系晚明风格。具有一定的历史价值，定为国家馆藏一般文物。

306　玉弯头簪

明晚期（1545～1644 年）

长 11.9 厘米

1958 年江苏省无锡市龚勉墓出土

江苏省无锡市博物馆藏

　　白色，簪首作蘑菇状，颈弯，簪身呈锥状。有明确的出土地点，可作鉴定标准器，具有一定的历史价值，定为国家馆藏一般文物。

307 玉芦雁镂空瓦子

明（1368～1644年）

宽6.5、高5.5厘米

中国文物信息咨询中心藏

青玉，镂琢天鹅图案。这种芦荷鸭雁、海东青、天鹅的题材，本为辽金元玉雕带饰常见题材，后来沿用。此件系明代做工，多用于镶嵌或作如意瓦子，具有一定的历史、艺术价值，定为国家馆藏一般文物。

308 玉镂空圆梅花牌

明晚期（1545～1644年）

直径6厘米

1981年陕西省西安市征集

陕西省西安市文物局藏

白色，细润，有绺，微透明。玉牌镂空，中间琢一朵大梅花，5个花瓣各联1朵小梅花，每一花中间有一圆孔。小梅花间用纤细的卷草装饰，背面用一细环连结。玉牌制作小巧玲珑，有一定的历史、艺术价值，定为国家馆藏一般文物。

309　玉抄手砚

清（1644～1911 年）

长 11、宽 6.3 厘米

中国文物信息咨询中心藏

青色。无纹饰，配红木盒，盒盖镶嵌一青玉盖碗图案，乃清代琢制。具有一定的历史、艺术价值，定为国家馆藏一般文物。

310 玉墨床

清（1644～1911 年）

长 8、宽 4 厘米

中国文物信息咨询中心藏

青白色，琢工较粗。器呈小几状，用以架墨。床面装饰鹭鸶、荷莲，寓意"一路连科"。为清
中晚期制品，具有一定的历史、艺术价值，定为国家馆藏一般文物。

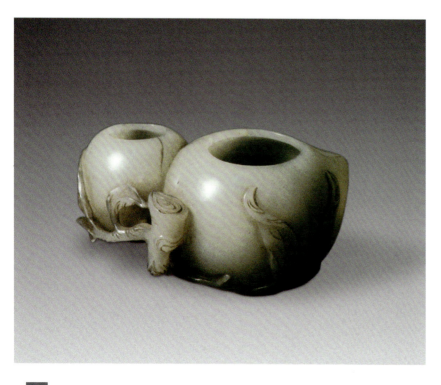

311 玉桃式水丞

清（1644～1911 年）

长 7.5、高 4 厘米

中国文物信息咨询中心藏

青色。器呈双桃状，双桃一大一小，
底琢桃叶、桃枝，乃清中期作品。此器
为文房用品之一，具有一定的历史、艺
术价值，定为国家馆藏一般文物。

312 玉圭璧

清（1644～1911年）

璧直径8.5、圭长10.5厘米

中国文物信息咨询中心藏

青色。圭、璧合琢为一器。圭下部琢海水江崖纹。上古皇帝朝觐大典时执玉圭，祭天大典时持玉璧。后人遂以玉雕合其形为圭璧，以作佩饰与玩赏之物。此件为清代所制，具有一定的历史价值，定为国家馆藏一般文物。

313 玉剑璏

清（1644～1911年）

长12.3、宽2.8厘米

中国文物信息咨询中心藏

青色，器面上琢有大小二螭，为清代仿古品，具有一定的历史价值，定为国家馆藏一般文物。

314　玉螭虎纹璧

　　明（1368～1644年）

　　直径18.2厘米

　　中国文物信息咨询中心藏

　　褐色。一面浮雕3只螭虎，两大一小，寓意"带子上朝"。另一面琢谷纹。此璧为清仿古制品，具有一定的历史、艺术价值，定为国家馆藏一般文物。

315　玉福寿磬式佩

　　清（1644～1911年）

　　长15.8、高8.5厘米

　　中国文物信息咨询中心藏

　　青色。主体为折磬形，边缘镂空云朵，器面阴线琢寿山福海、松竹芝兰。是清代民间流行的年节装饰品和礼品，具有一定的历史、艺术价值，定为国家馆藏一般文物。

316 玉鹦鹉佩

清（1644～1911年）

直径5厘米

中国文物信息咨询中心藏

青白色。佩镂空琢出联珠鹦鹉纹。为清代常见的佩饰题材，具有一定的历史、艺术价值，定为国家馆藏一般文物。

317 玉工字佩

清（1644～1911年）

长、宽各5厘米

中国文物信息咨询中心藏

青白色。整体方形，琢"工"字形花纹。中心镂雕花卉。此器为清代做工，具有一定的历史、艺术价值，定为国家馆藏一般文物。

318 玉仕女图佩

清（1644～1911年）

长5.5、宽3.9、厚0.8厘米

中国文物信息咨询中心藏

和田青白玉，玉质尚佳。佩作椭圆形，俗称玉牌。一面琢隐起仕女图，仕女右手执兰，左手执纨扇，衬枫树兰菊太湖石。另一面碾隐起草书七言句："好花看到半开时"，并落隐起草书"子冈"伪款。这种佩饰亦称子冈牌。清代中后期传世甚多。本器做工不佳，但具有一定艺术价值，定为国家馆藏一般文物。

319 玉鹰鹊双柿佩

清 (1644~1911 年)

长 6、宽 3.7、厚 1.6厘米

中国文物信息咨询中心藏

青白玉, 柔润, 内含白脑, 重绺。佩碾琢双柿重叠, 一只鹰落在枝头, 寓意"世世英雄"。上端一穿。具有一定的历史价值, 定为国家馆藏一般文物。

320 玉鸡心佩

清 (1644~1911 年)

长 6.2、宽 3.8厘米

中国文物信息咨询中心藏

白色, 仿汉代鸡心佩, 出廓琢螭虎, 为清代民间喜用的饰物。此佩具有一定的历史、艺术价值, 定为国家馆藏一般文物。

321　玉镂雕福寿瓦子

清（1644～1911 年）

直径 5 厘米

中国文物信息咨询中心藏

白色，镂空"五福捧寿"图案。原是镶嵌在檀木如意上的附件。清代民间所用，具有一定的历史、艺术价值，定为国家馆藏一般文物。

322　玉素面琮

清（1644～1911 年）

高 4.3、宽 5.4 厘米

中国文物信息咨询中心藏

黄色，系白玉染旧而成，为清代民间所用。具有一定的历史、艺术价值，定为国家馆藏一般文物。

323　玉浮雕二龙戏珠纹璜

清（1644～1911年）

长9.7、高2.2厘米

中国文物信息咨询中心藏

黄色。纹饰与工艺系清代风格，经染色作旧。为清代民间所用，具有一定的历史、艺术价值，定为国家馆藏一般文物。

324　玉螭虎龙浮雕镇纸

清（1644～1911年）

长16、宽1.8、高2厘米

中国文物信息咨询中心藏

青色，经烧烤作旧。从形制、工艺分析，系清代文房用品，具有一定的历史、艺术价值，定为国家馆藏一般文物。

325　玉仙人乘槎锁子

清（1644～1911 年）

宽 7.3、高 5 厘米

中国文物信息咨询中心藏

白色。如意形，锁面隐起琢浮雕仙人乘槎图案。男婴佩戴，祈求长命富贵。此器系清代风格，具有一定的历史、艺术价值，定为国家馆藏一般文物。

326　玉剑格

清（1644～1911 年）

宽 5.4、高 2.5 厘米

中国文物信息咨询中心藏

色微黄，经染色作旧。仿汉玉风格，此器用于随身系带，系清代民间佩饰，具有一定的历史价值，定为国家馆藏一般文物。

编 后 记

此书在编辑过程中得到了国家文物局各级领导的支持，得到了故宫博物院、国家博物馆、中国文物信息咨询中心、中国社会科学院考古研究所、河南省文物局、河南省文物考古研究所 、河北省文物局、四川省博物馆、三星堆博物馆、山东省博物馆、淄博市博物馆、浙江省博物馆、文物出版社和北京豪德文化发展有限公司的大力帮助。

在编辑过程中，史树青、刘巨成、朱家溍、李久芳、尤仁德、张寿山、华义武、田俊荣、张广文、任杰等先生参加了此卷的审稿会，并提出了很好的修改意见。

赵立亚先生协助图片的审核和拍照工作。

在编辑室工作的王寅、张克义、王紫岩等，为此卷出版付出了劳动。

在此一并表示感谢！

编委会

2005 年 8 月

图书在版编目（CIP）数据

　　文物藏品定级标准图例·玉器卷／国家文物局国家
文物鉴定委员会编．—北京：文物出版社，2006.1
　　ISBN 7-5010-1747-6
　　I.文…　II.国…　III.①文物－鉴定－标准－图
集②古玉器－鉴定－标准－图集　IV.K854.2-65
　　中国版本图书馆CIP数据核字（2005）第045138号

文物藏品定级标准图例·玉器卷

国家文物局国家文物鉴定委员会　编

文物出版社出版发行
（北京五四大街29号　邮政编码100009）
http://www.wenwu.com
E-mail:web@wenwu.com
2006年1月第一版　2006年1月第一次印刷
北京文博利奥印刷有限公司制版
文物出版社印刷厂印刷
889×1194　1/16　印张 16
新华书店经销
ISBN 7-5010-1747-6/K·918
定价：390.00元